吾信科技电信零售实战系列丛书

U0877233

“微”力

互联网时代零售店铺流量运营和攫取利润之道

李占宗◎著

人民邮电出版社
北京

图书在版编目（CIP）数据

“微”力：互联网时代零售店铺流量运营和攫取利润之道 / 李占宗著. -- 北京：人民邮电出版社，2016.10
（吾信科技零售行业实战系列丛书）
ISBN 978-7-115-43663-4

Ⅰ. ①微… Ⅱ. ①李… Ⅲ. ①互联网络一应用一零售业一研究 Ⅳ. ①F713.32-39

中国版本图书馆CIP数据核字(2016)第225523号

内容提要

本书系统讲解零售行业，特别是通信零售行业系统化的新思想、新模式、新方法、新工具等。通过“资本+系统+渠道”的生态体系的打造，零售企业不断提升自己的竞争能力、生存能力、经营能力，最终成为有规模和体系的“用户运营商”，颠覆过去单一、粗放、无竞争力的“搬运工”模式。全书阐述了这些思维与方法在经营战略、连锁运营体系、团队打造、赚钱模式等方面的价值和意义。本书适合通信运营商管理者、零售连锁机构负责人，以及营业厅管理人员、大厅员工、服务人员阅读与学习。

◆ 著　　　　李占宗
责任编辑　冯　欣
责任印制　彭志环

◆ 人民邮电出版社出版发行　　北京市丰台区成寿寺路 11 号
邮编　100061　　电子邮件　315@ptpress.com.cn
网址　http://www.ptpress.com.cn
固安县铭成印刷有限公司印刷

◆ 开本：700×1000　1/16
印张：12.5　　　　2016 年 10 月第 1 版
字数：223 千字　　　　2016 年 10 月河北第 1 次印刷

定价：45.00 元

读者服务热线：(010)81055488　印装质量热线：(010)81055316
反盗版热线：(010)81055315

前言 PREFACE

“微”力无边

所谓“微”力，就是希望用智慧之“微”，创造价值之“大”！这也是我的课程《微营销创造店面大价值》的核心思想。

本序中我无意再赘述书的内容，请大家认真阅读，自己发掘本书独特的思维和创新模式。

自腾讯公司在 2011 年 1 月 21 日推出微信这款手机应用软件以来，近 6 年的时间，“连接一切”由想法逐渐变为现实，“微”世界的“力”量颠覆了我们生活的方方面面。

鉴于我个人有限的阅历和能力，本书更多地还是在谈零售行业，特别是通信零售行业系统化的新思想、新模式、新方法、新工具等，以及这些思维与方法在经营战略、连锁运营体系、团队打造、赚钱模式等方面的价值和意义。

寄望这些可以起到抛砖引玉的作用！

早在 3 年前我就开始思考：零售该如何做？特别是借助互联网，各种模式雨后春笋般涌现，极大地威胁到了店面的生态系统，店面零售的出路究竟在哪里？

全搬到线上肯定是不行的，完全做线下也是行不通的，我思考和尝试了很多思路：大后台小前台、经营一体化、跨界融合等，不一而足。

经过这么多年的探索交流、实操验选、披沙拣金，我总结了一点还算有效的建议，提炼为以下 3 点。

1. 零售生态：以用户为中心

通过“资本 + 系统 + 渠道”的生态体系的打造，零售企业不断提升自己的竞争能力、生存能力、经营能力，最终成为有规模和体系的“用户运营商”。颠覆过去那种单一、粗放、无竞争力的“搬运工”模式。

2. 后大前小：也就是构建企业级的大数据体系

这个观点是我在 2009 年提出来的，并且一直在尝试和完善中。构建门店大数据体系，通过各种流量的导入进而用科学的方法进行分析，然后赋能给零售店面的经营管理人员，最终实现零售经营智能化、精细化、科学化与用户化！

3. 融纵连横：企业横向资源的融合与衔接

产业互联网决定的不仅是企业在上下游有什么资源，同时企业也要有很丰富的横向资源，并且可以将之有机融合与衔接。这样就有可能打造出全新的商业模式。

目前的技术、应用已经为这种商业模式奠定了很好的生态基础，就看门店经营者们有没有“智”点了。

总之，我认为未来企业经营成功，经营者必须具备以下 4 点：

一是慈悲心、智慧和公信力；二是综合型团队；三是前瞻性和融资能力；四是靠谱的创新和执行力。

“用户是根，生活是本”，无论哪个企业，脱离这个根本，就不能生存！

个人为“微”，聚人为“众”，齐心互助，“微”力无边。

与君共勉。

体验营销传教士李占宗

2016 年 7 月 8 日于常州

目录 CONTENTS

第一部分　如何利用微信扩大影响

第三部分 如何利用微信培养忠实粉丝

第一部分
如何利用微信扩大影响

第 1 章

玩转微信的道与术

1.1　微信营销的本质

微信作为移动互联网时代的社交媒体，近几年以爆炸式增长的用户数量、低廉的使用成本以及高效率的圈子传播效果，成为继微博后，又一新兴的社交平台，而且，它是比微博更优质的平台。

如果把微博比作“广场”，微信则更像“客厅”，当年微博营销确实给一些人带了不菲的收益，但时至今日，我们可以看到微博的热度已在渐渐散去。原因是“广场”确有可能带来大量人员围观，但同样也易一哄而散。而微信与之相比，虽然辐射面小，但优势十分明显——圈子传播具有强大的精准性、信任度、影响力和持久性。

有种说法：微信上的 1 个粉丝相当于微博的 100 个粉丝——我们确实有理由相信，**你在广场上面对 100 个人喊话，不会比以朋友身份对 1 个人私语更有力度**。实际上关注人与人的交流正是微信的价值所在，也正是看中了高转化率的这一点，人们将营销阵地搬到了微信上。

那么，微信营销究竟应该怎么做？在互联网及移动互联网的冲击下，已经习惯于传统营销模式的商家，往往还未摸出新方式的窍门，更新的工具又出现了，这让一部分人手足无措；其实大可不必，因为不论形势如何变，工具如何变，有一点是不会变的——用户基础。

也就是说，不论何种方式的营销大厦，必然离不开用户地基。微信营销也是这样，我们不必跟风冒进抛弃传统手段，也不必舍本逐末追逐微信技巧，在开始微信营销之前，我们一定要明确一个前提，即玩微信不是用来向外推广自己，而是用来向内笼络用户。

以圈子的方式笼络用户。

但有一点值得说明的是，在圈粉问题上，大家不必急功近利，原因有二，如图 1-1 所示。

1 ▶ **高质量的真粉获取成本较高，5～10元/个**

2 ▶ **高质量粉丝会扩大店面的正面形象，同样，低质量粉丝会扩大店面的负面形象**

图 1-1　圈粉时不可急功近利的 2 个原因

有人算过，一个十几平方米的小店，活跃粉丝维持在 3000 人左右即可获得可观的收益，所以一般店也不需要将粉丝数量作为首要目标，还是应该关注粉丝质量。

再者，微信圈粉没有捷径，对于广大普通地面店，不要相信一夜暴涨的神话，扎实练好内功，精确添加粉丝、精心维护才是王道。

1.2　微信营销的思路

用微信做营销，我们首先应该转换传统的链式思维到环式思维，如图 1-2 所示。

整理正确的思路，就很容易避免仅仅将微信用作“推广”的局限性。我们都讨厌家门口影响美观的小广告，同样，将纸质的小广告变为电子版，贴到私密性类似于家的微信上，用户会喜欢吗？所以说，仅仅只做内容然后用微信推送出去的这种微信营销思路，显然不符合用户口味，更忽略了微信本身的优点。

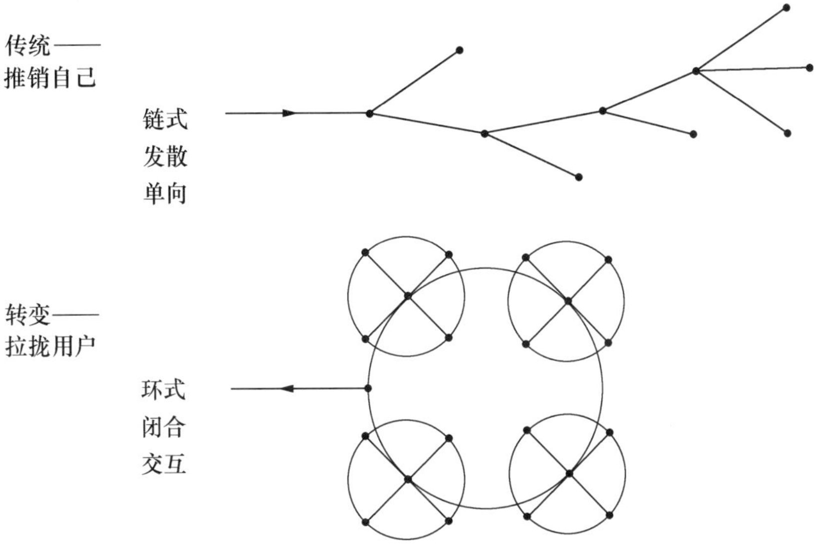

图 1-2　链式思维向环式思维转换

微信营销的立足点在“圈子”两个字，这也是微信广为使用的核心功能——朋友圈。正是因为微信立足于朋友关系的功能设计，才使得其具有非同一般的价值，这恰恰也向我们开展微信营销提供了思路，如图 1-3 所示。

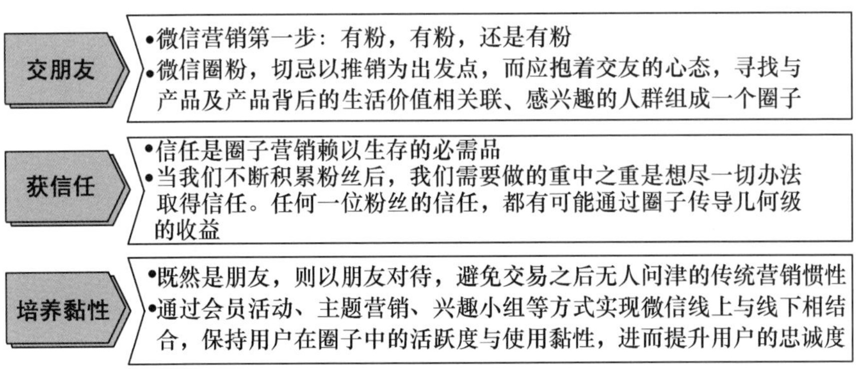

图 1-3　微信营销的思路

圈子文化是中国人十分重视和依赖的社交模式，带来的是超乎寻常的亲近感、信任感和归属感。随着互联网、特别是移动互联网的普及，新的技术颠覆了传统模式，也赋予了营销新的含义。

在我看来，微信营销是体验营销的一部分。我理解的体验营销是以将用户感受作为第一要务的营销系统，它的重点不在于成交过程，**而在于用户与商家接触的全过程、全时点和全触点，即让用户在与商家接触的全过程中，保持最佳感受。**

微信营销属于体验营销的一部分，因为商家通过微信与用户接触，尽管看不到、摸不着，可依然是在接触，这种心灵与意识层面上的接触往往更可以支配用户的感受，从而影响营销结果。

1.3 微信营销的方法

在贯穿思路的指引下，应该如何做具体的微信营销？我们向大家介绍基本的方法思路，如图 1-4 所示。

微信营销有三件事：**圈粉丝、转化用户、培养忠诚。**

所以说，微信营销本质上无外乎两方面的工作——圈人与体验。圈人为道，体验为术，这也正是我多年工作于实体零售店面总结出的经营法宝，如图 1-5 所示。

圈人，即是一切经营活动以用户为中心，关注用户而非产品，这是万变不离其宗的根本，动摇不得。体验，即是关注用户感受而非成交结果，注重长期关系而非短期收益。这二者结合起来，可以用一句话概括：与用户交朋友。

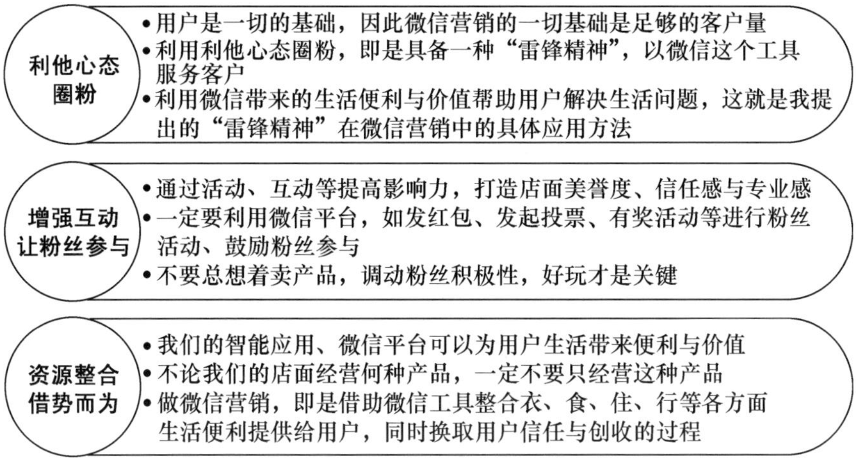

图 1-4　微信营销基本的方法思路

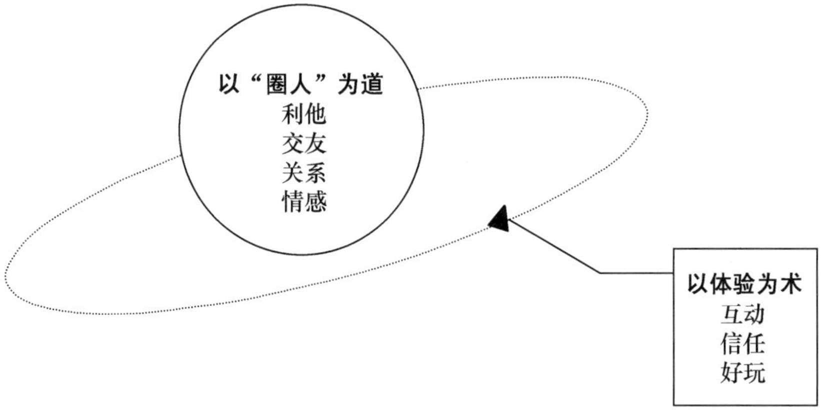

图 1-5　微信营销的本质

第 2 章

二维码是个宝

2.1　二维码的特点

二维码起源于日本，然而在中国的成功却得益于微信。

本身来讲，二维码有其自身的诸多优点，如图 2-1 所示。

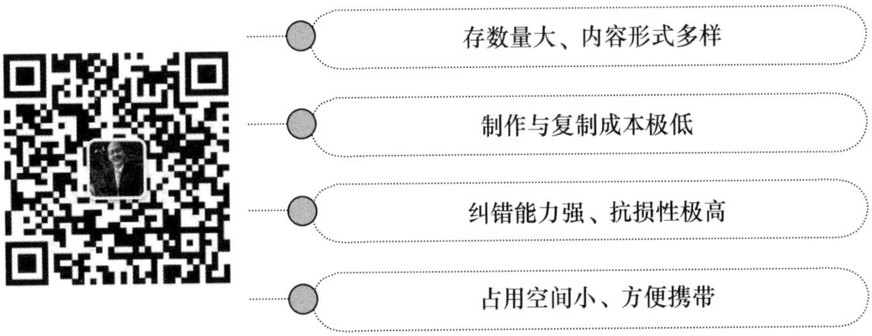

图 2-1　二维码的优点

对微信用户来说，他们在应用二维码时，不会注意二维码有什么特点，但是，作为店面管理者，却应熟知这些特点以便应用。

比如，存储量大的特点使得二维码不仅仅可以储存文字，更可以储存图标、视频、链接等内容。在视频大行其道的时代，二维码链接视频将是很好的选择。

再比如，利用复制成本低、方便携带的特点，店面可以大量制作二维码，通过多种形式展示二维码，以获取用户最大接触率，进而获取粉丝。

二维码容错能力强的特点，为店面制作多形态的二维码提供了可能，如此一来，店面可以制作足够吸引眼球的二维码来吸引粉丝关注；甚至可以用立体的方式、人体彩绘的方式、人员站位的方式制作二维码。

有时候，用这些方式制作的二维码辨识度并不高，可我们并不需要高的辨识度，我们的目的是吸引眼球，如果我们的店门口有用自己的产品摆成的二维码，行人会不感兴趣而一探究竟吗？这样我们会迅速吸引人流，提高进店量并吸引微信粉丝。

2.2 用二维码抓取粉丝

二维码早已出现，然而其真正广为流行并被广大消费者喜爱，是从微信将其应用到"扫一扫"功能开始的。"扫一扫"功能获得了巨大的成功，微信还在 5.0 版本后特意将其从三级功能栏提升至"发现"按钮下的二级功能栏。

我们之所以将二维码单独拿出来探讨，是因为二维码扫描作为微信的重要功能之一，具有极强的粉丝抓取力，如图 2-2 所示。

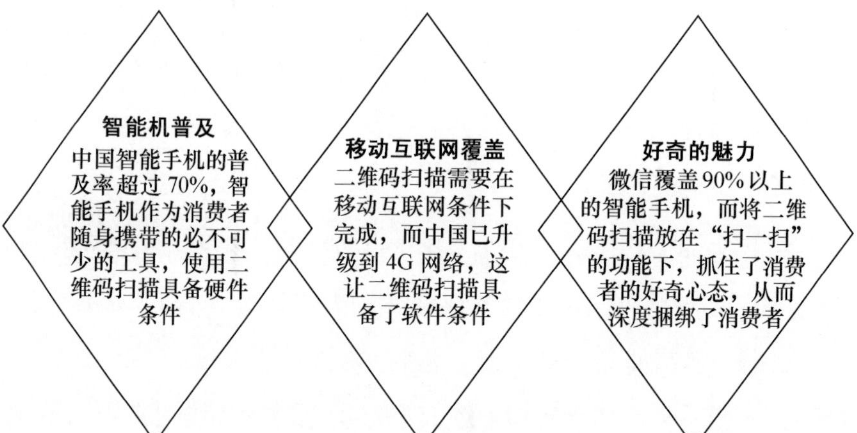

图 2-2　二维码的粉丝抓取力

在此说一个题外话，我们讨论二维码在营销上的应用，实际上有一个潜在的前提，即移动互联网及智能手机的普及。我们没有交代这个前提，因为我们假定大家已经充分意识到这个大环境的变化，并且自觉将店面经营置于这个前提下思考。

如果有的店面还没有这个意识，那么我们仍需要强调这个思维：**在移动互联网时代，店面应尽量将一切运营活动搬到智能手机上，**特别像用户管理、营销活动等核心内容。

这样做有两大好处：**一是大大节省成本**，比如我们现在讨论的二维码，从制作到应用几乎是零成本，其有效聚拢用户的效果不亚于电视广告，但成本要小得多；**二是有效管理用户**，从获取到成交到维系，都可以使用智能手机中强大的APP应用，如微信。为什么要用智能手机管理用户呢？因为智能手机是消费者唯一随身携带且不断使用的通信工具。

还有什么比智能手机更适合作为店面运营的工具呢？

言归正传，正因为二维码具有极强的粉丝抓取能力，所以我们应充分利用二维码的功能大量圈粉。

在圈粉之前，我们应对目标消费者有一个基本的了解，即什么样的人才会关注二维码，关注二维码的人又关注什么呢？通过调查，我们得到如下一组数字（基于微信），如表2-1所示。

表2-1　关注二维码的人群及其关注的内容

微信用户的比例	内　　容
65%	用户为男性，男女比例接近2∶1
86%	用户年龄分布在18～35岁，其中大学生占约64%
11%	用户好友是通过二维码扫描获取的

续表

微信用户的比例	内　容
93%	微信用户会使用"扫一扫"扫描二维码
50%	用户扫描二维码为了获取赠品、优惠券等
49%	用户扫描二维码为了获取产品、营销等信息
40%	用户扫描二维码为了参加营销活动
36%	用户在使用二维码查阅产品及营销信息后产生购买行为
19%	用户会将二维码扫描的信息推荐到朋友圈

以上统计数据皆来源于网络，可能不够权威，甚至只是局部结果，但仍不难得出一些对销售很有帮助的结论。

比如消费者对二维码的认知，更偏重于"广告"性质。也就是说，消费者更多地将二维码视作"广告"载体。那么店面在做广告内容的二维码时，就应避免形式单一、内容平淡，否则消费者见怪不怪，也就不会关注了。

从数据中还可以看出微信具有极高的用户转化率与传播效率，这也是我们要与大家探讨微信营销的原因，希望引起广大实体店面管理者足够的重视。

店面想要圈粉，了解自身的目标用户是第一步，比如你的店面经营妇婴用品，辐射范围却主要是老年群体，自然不能用对妇女儿童的推广手段，而应站在老年人关注儿孙后代的角度做营销推广。

同样，我们也应该注意，虽然微信、二维码的主要用户为年轻人，但并不意味着店面只需围绕他们开展营销活动，有 2 个原因，如图 2-3 所示。

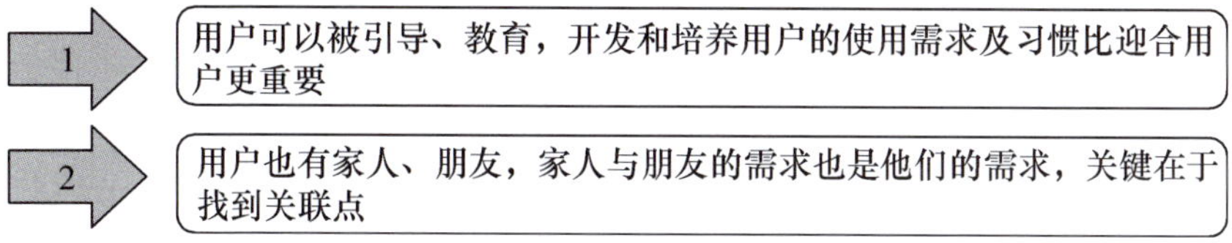

图 2-3　店面应关注大范围人群的 2 个原因

2.3　让二维码飞

用二维码抓取粉丝，也就是让消费者最大限度地扫到店面的二维码，并添加微信好友。在实际操作过程中，一般有 3 个方法供大家参考。

2.3.1　形式吸引

形式吸引即设计二维码的呈现形式新颖、奇特，足够吸引人，具体来说，有 3 种方式，如表 2-2 所示。

表 2-2　二维码的 3 种呈现形式

序号	抓眼球的二维码设计方法	举　例
1	单一二维码	放至足够大，造成视觉震撼
		利用网络，大量的二维码生成器生成的异形二维码，好玩、好看
2	二维码组合	将大量二维码组合在一起，如一面墙，形成视觉冲击力
		将大量二维码组合成某种标志或组织抽奖活动
3	二维码嫁接	将二维码放在其他物体上，如奶牛、美女、咖啡、服装、食物、电影海报等，吸引扫描
		利用其他材料展现、拼接二维码，如店面自身产品、便利贴、素描、饼干、纽扣、橡皮等

这里还要注意一个问题，不论二维码的形式如何新颖、奇特，我们设计它的目的是为了加粉，这要求二维码一定是有效的、可以被准确扫描的。如果只追求吸引人的效果而人们并不能扫出结果，这样的二维码设计仍旧是无效的。

2.3.2 利益诱惑

利益诱惑顾名思义即告知人们，扫码有实惠，这比形式的新颖更具有吸引力，因为有实惠，人们扫二维码的目的性会很强，这也会无形提高店面的美誉度与品牌力，这是利益诱惑的二维码吸粉的好处。

具体到实操，利益诱惑可以有两种形式：**一是优惠、折扣等；二是奖励、礼品等。**

微信发展一个真粉丝的成本在 5 ~ 10 元人民币，我们走在街上，偶尔会遇到有人举着二维码牌子让你扫的情况，当然扫一扫也有礼品可以拿，一般是矿泉水、日常生活用品等小物件。

这样的吸粉方式也属于礼品的一种，并且对于店面来说，看上去也赚了，因为礼品的成本远远小于发展一个粉丝的成本。但是，用这样发放礼品的方式吸粉却存在一个明显的漏洞，即扫二维码的人对你的产品、店面功能、品牌等没有更多的了解，往往只为得到礼品而扫码，加粉后随即屏蔽甚至删掉的大有人在。

即便用户保存了店面的公众号，也没有多大兴趣了解其中的内容，因为他根本不关心，他当初只是为得到礼品才扫二维码。

我们说，这样的二维码吸粉只完成了一半，缺了很重要的另一半，即设计的阶段。设计什么呢？设计一个过程，通过过程的设计，店面要让用户留下一些痕迹，可以是进店、可以是接收资料、可以是对店面的初步了解等，如图 2-4 所示。

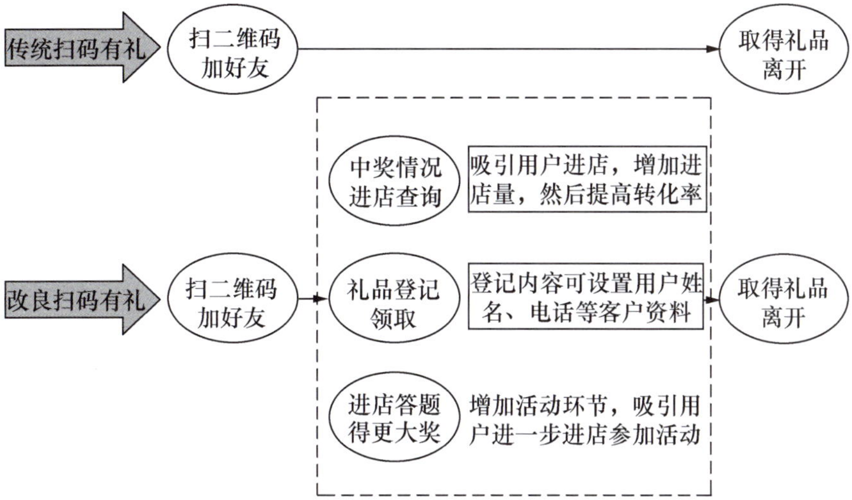

图 2-4　礼品吸粉的完整闭环

我们通过简单加一个中间的设计环节，可以形成礼品吸粉的完整闭环；而不是像时下流行的方式那样，送出礼品但收效甚微。

改良后的扫码有礼有一个原则就是紧盯着用户，扫一扫不是目的，送出礼品也不是目的，我们最直接的目的是要抓住用户。

在自己店面周围作扫码送礼的，可以设置礼品等级，扫码后需要进店领奖，以此延长用户与店面的接触时间与接触面，在这个过程中用户可以进行了解、互动甚至完成交易动作。而如果距离店面较远，起码可以让用户在就地领奖的同时，留下电话与姓名，便于后期联系开发。

另外，还有两个技巧需要提醒一下：**一是礼品设置；二是使用优惠券。**

礼品设置我们可以大胆一点，500 万元可不可以？如果你看到

“扫一扫二维码，即有机会中 500 万元”，你会扫吗？我相信一定会，但是店面如何实现？对，彩票。

买一张彩票的成本很低，然而它的吸引力却不是同等价值的商品可以比拟的，我们在设置礼品时告诉用户，扫一扫就有机会中 500 万元，用户一定会扫。这样的礼品设置极大地提升了用户的兴趣与扫码的概率，但成本并没有上升。

另外，我们说的利益诱惑除了礼品，还有优惠券，相对于店面成本来说可能是一样的，比如 5 元的礼品和 5 元的优惠券，但实际效果并不相同。

原因就是优惠券的特殊使用属性，其本身需要在消费中使用，使得用户必须走另外的流程，而不像礼品领完就可以直接离开，店方相对被动。

而在设置优惠券上，还需要注意两个技巧：**一是用微信自身的电子卡券；二是利用异业联盟的思维。**异业联盟我们在后续章节将详细介绍，下面我们来看一下为什么推荐使用微信二维码卡券，如图 2-5 所示。

一站式	可以实现从生成、发送到认证、兑换、跟踪的全过程掌控，并可对终端客户进行有效管控，一站即可完成卡券营销并且过程全部可控
成本低	电子卡券与传统纸质优惠券相比，省却了印刷与发放成本，用微信电子卡券的成本几乎为零
效率高	效率高不仅体现在发放环节，更体现在使用环节。利用微信发放速度快，并且对消费者来说，储存方便、应用简便，更易使用

图 2-5　使用微信二维码卡券的优势

在微信平台上使用电子卡券进行营销时，我们还应该注意以下 4 个技巧，如表 2-3 所示。

表 2-3　使用微信电子卡券时的 4 点技巧

电子卡券使用	内　　容
变换形式	• 种类形式多样：代金券、会员卡、门票、优惠券等，商家应多样综合使用 • 内容形式多样：主要以图片、声音、视频、文字等形式综合展现
灵活运用	• 可针对不同用户应用不同卡券与促销活动 • 可针对所有用户应用相同卡券与促销活动
追踪效果	• 可以依托微信平台统计相关数据，以此评估并改进促销效果
管理用户	• 利用微信平台获取用户信息并加以利用，方便做二次销售、用户回访、精准营销等

2.3.3　铺天盖地

铺天盖地，即在目标用户群接触到的点上尽可能多地放置二维码，以获取用户扫码加粉的最大概率。

这里有两个问题：**一是接触点；二是尽可能多。**

接触点是哪里？我们分为店内与店外两部分：**店外指以店面为原点 3~5 公里辐射范围内，主要针对用户群的接触点；店内指用户进店之后与店面发生的一切接触点**，如表 2-4 所示。

表 2-4　二维码张贴触点明细表

地点	区域	具体触点
店外	硬装区域	门外时间牌、玻璃门、防撞贴、招牌Logo、铭牌、电子屏等
	道具区域	橱窗、展架、海报、宣传桌、充气拱门、气球、花篮、广告等

续表

地点	区域	具体触点
店内	关注区域	指用户会主动搜寻的区域，如指示牌、功能牌、导视、海报、宣传页、价签、柜台、货架、展示墙、营销活动道具等
	停留区域	指用户等候、办理业务时滞留区域，如业务受理台、电脑背面、自助缴费机、纸杯、饮水机、椅子、桌柜、饰品等
	其他	礼品、店员衣服、产品包装、地贴等

就接触点来说，它的含义并非传统意义上肢体接触的触点，由于我们期望用户尽可能多地扫码，所以应该尽量考量用户视觉接触的点，即利用店面一切可以进入用户视觉的元素做二维码的文章，同时也应以用户扫码方便为原则设计与安排触点。

尽可能多，有人会问是不是把整个店面贴满二维码就可以了？显然不是，考虑到实际的装修风格、海报促销、商品陈列、店面功能等因素，我们建议在不影响店内销售、体验等主要功能的接触点上，尽可能多地放二维码。

所以，这也涉及二维码的大小、形式、材质、位置等摆放问题。例如，店家想要在一盘精致的炒菜上放置二维码吸引用户扫码了解菜品的食材、做法、价格等，从而达到吸粉的目的，创意是很好，但不能乱用材料，也不能乱放；否则反倒会因为食品清洁问题导致用户较差的体验，得不偿失。

我们接下来，就与大家探讨二维码的设计问题。

2.4　二维码如何设计

二维码的显著特点在于其作为移动互联网品牌信息，从让人反感的信息轰炸，转变为乖巧可人的等你来扫的功能载体，用一种轻松愉悦的方式，让用户能够有选择地主动接受营销信息。

二维码体积小、容量大，能够将丰富的信息搭载于小小的黑白方框内，它不仅是品牌接触移动互联网与获取微信粉丝的一种重要方式，还是用户在微信生态体系内宣传品牌产品的一种途径。在微信平台上，用户可以随时将门店搭载有营销信息的二维码分享到各类聊天平台上（如朋友圈、漂流瓶等），让更多的用户通过简单的“扫一扫”操作成为品牌的粉丝，享受品牌的服务。

二维码作为信息的载体，可以被用户用来进行品牌的主动传播，但最为关键的还是通过文字、图片、语音等方式让其他用户对二维码所承载的品牌商品有准确的认知。而这一点，往往难度较大，也是微信“内容营销”需要更多考虑解决的问题。只有基于对发布信息的用户强烈的信任，其他微信用户才能心甘情愿地主动掏出手机，关注品牌信息。

掌握二维码设计的要诀如下。

（1）建立虚实互动捷径。根据某广告公司做的调查，当一则广告附上二维码，72% 的消费者会比较容易记住广告的内容，降低广告的排斥性。

（2）提供深入的用户体验营销。不能卖产品本身，而是使用整个情境，通过照片和影片为用户营造恰当的扫码氛围。

（3）结合创意的表现形式。

（4）创造秘密的惊喜感。

（5）活用你的产品材质。

二维码作为信息的载体，最关键的还是通过文字、图片、语音等方式让其他用户对其所承载的品牌商品有准确的认知，我觉得二维码营销首先需要注意以下几点。

（1）设计的二维码色彩风格是否与宣传单内容相符合？

（2）二维码色彩是否对比明显，使二维码容易判读？

（3）二维码四周是否有预留的白边？

（4）测试扫描二维码，不同设计的二维码的读取时间长短有差异。

（5）二维码链接的网页是否正确？

（6）二维码摆放位置距离地面的高度。

（7）二维码摆放位置是否方便消费者靠近扫描？

（8）消费者能否以最舒适的距离扫描到二维码？

二维码不是简单链接一个网页，重点在于你用在什么地方、什么情境、什么流程中，以确保你的二维码发挥作用，让产品增值。

第 3 章

内容推送精准获取粉丝

3.1 微信传播原理

相比其他社会化产品，微信的传播信息流存在明显差异，“点对点”的信息流动方式被重点突出。从微信 5.0 版本的信息传播方向上来看，主要有以下 3 种方式。

3.1.1 点对点

点对点是微信最主要的信息流传播方式。

能够实现 2 个用户在微信平台上彼此之间的语音聊天，是微信呈现在用户面前的第一印象。单个用户输入的文字、图片、语音，甚至视频信息在这种沟通方式下，被对话另一端的用户“照单全收”。除了对话的两个微信用户，其他用户对谈话内容无从得知（甚至不知道有这次对话存在）。信息在 2 个用户之间完成了流通，这就是微信信息“点对点”流通最典型的方式。

这种信息流动方式针对性强、私密性高，适合就某些私人话题进行交流，最大限度地控制了信息传播的范围。

3.1.2 点对面

点对面是指单个微信用户输入的信息在第一时间内，能够被一个以上的用户同时接收的方式。作为“熟人间的强互动”的延伸，“点对面”方式不仅巩固了微信好友之间沟通和交流的方式，还为微信用户认识未知世界、扩展自身社交范围提供了可能。

朋友圈是微信平台最典型的信息“点对面”沟通方式的代表。在微信的朋友圈中，单个用户发布使用某一产品的心得，能够在同一时间内被朋友圈中的好友同时看到，所有朋友圈中的好友都可以就这一条微信发表评论，单个用户所发表的评论也能被朋友圈中的其他好友查看到。单一用户的信息流向了多个用户的移动终端，使得微信的传播信息在“一对多”的环境下顺畅地流动。

微信的讨论组非常类似于 QQ 群。讨论组内的信息是完全公开的，用户有针对性讨论的信息流交叉在一起容易形成互动，同步扮演移动互联网时代“群互动”的强力工具。

不论是朋友圈还是讨论组，信息使用效率均奇高无比，传播速度快，适合就某一公众话题进行群组讨论，用户能够自定义地将信息传播的范围控制在可以接受的范围内（朋友圈或讨论组以外的微信用户无法查看圈内群内信息）。

3.1.3 点对系统

在微信平台上，点对系统是拥有爆发力的系统功能，实现了信息流的重大突破。

之前，任何一款社会化产品的信息流均基于人与人或者人与人群，当微信的公众账号能被门店自定义后，用户的问题便可由系统智能作答。这个功能，第一时间就为微信打上 CRM 的烙印（与 400 电话人工热线或语音热线类似）。

用户在关注门店的订阅号、服务号后，可以与门店的微信公众账号实时实地地交流与沟通，用户的信息在一次次的对话中被实时实地地传送到门店的公众账号系统当中。此时，用户与商家虽然也是在“一对一”的环境下沟通，却由于批量信息处理技术的应用，用户所输入的诸如“请问老板在吗？”之类的提问信息被输送到门店的智能化管理系统中，由系统智能分析并做出应答，用户与系统信息的收发传播方式，与 2 个用户彼此之间的沟通信息流动的方式存在着差异。

这种将系统纳入微信传播信息流的运作模式，很好地解决了批量交流的问题。针对常见的用户输入信息，系统可以智能化地给予相应的回答，系统还能将用户与其沟通、交流的信息上传到统一的管理平台，从平台层面整合用户信息，形成对信息的智能化分析，从而在日后提供定制化的服务。

在众多的品牌传播方式当中，让用户替品牌说话，帮助品牌进行传播与推广或许是最有效的一种途径了。品牌与用户信息严重的不对等性，一直是品牌传播的大忌，导致用户在与品牌的沟通交流过程中，对折扣宣传、品质保证、售后服务都持有一种将信将疑的态度，因而使得门店在产品的推广过程中总会或多或少地遭遇信任危机。

而同样处于弱势地位的其他用户给品牌潜在用户提供的品牌评价信息，则在用户心中占据着绝对重要的地位，能够引导购买决策倾向。原因就在于消费者对其他用户的信任，认为其他用户购买商品后的使用心得相对客观，真实性相较于商家的宣传来说更强。

微信的出现极大地丰富了用户替品牌做传播的途径与方式。廉价的通信费用加上语音聊天的方式，能够让用户用更形象的方式、更短的时间将品牌或产品最核心的特色呈现在人们面前，减轻了宣传者的负担；而移动化的查看方式配以庞大的用户基数，则能让用户传播的品牌信息被更多人所接受。

总体而言，让用户替门店主动进行品牌传播的方式，在微信生态体系内部和外部同时运转，以不同的传播形式实现同样的目标。虽然用户参与品牌营销的模式尚不成熟，多数门店缺少系统策略以给予传播者扶持与奖励，但这种操作模式已在一些行业悄然兴起，逐步形成一种良性氛围，不久的将来，必将在门店的品牌传播中发挥更重要的作用。

3.2 公众号运营策略

微信公众账号到底有哪些价值呢？

第一，提供有忠诚度与活跃度的用户。微信从来没有公众账号订阅数排行榜，因为订户数量是不重要的，订户质量才是最重要的。对门店而言，真正的忠诚度与活跃度才是有价值的。归根到底，门店其实没有那么多信息可以推送，为了发内容而推送一些没有太大价值的信息只会适得其反。

第二，为用户提供有价值的信息。门店必须为用户提供价值，才能让用户关注你，用户是不会为了看笑话而关注门店公众账号的。微信公众号不在于大小，而在于价值。哪怕用户一个月甚至是半年才用一次，只要在那次用的时候，你提供的东西对他有价值，他就不会从通信录里删除你，而会对你产生依赖。

第三，用户的管理。说得简单一点，从某个角度来讲，公众号是一个天生的CRM。每个订阅你的用户，背后都会自动形成一个数据库，你可以自己管理这个数据库，微信公众平台提供了分组、用户资料查看等功能，包括一些基本的用户素材。

第四，多向交流的工具。在这里我们强调“多向”是因为很多用户错误地认为微信只是双向交流的工具。微信会自动为每个用户生成二维码，你只需要把它附在签名档、微博、短信之后，或者打印出来贴在餐馆、酒吧和公司的墙上，任何人拿手机轻轻一扫，就可以在微信上迅速找到你、关注你，微信让虚拟与现实之间的界限变得更加模糊。用户利用二维码可以交朋友、购物、下载音乐和应用、参与活动，而这就是我们所说的多向。

第五，类短信平台。如果想在智能手机、平板电脑的用户端使用微信公众号，就需要将微信公众平台账号链接一个微信个人账号，用微信个人账号的公众平台助手发送信息。公众平台账号发送信息的特点是群发。所以，微信公众平台更像是一个短信平台，而微信就是一对一的短信。只是在内容上，微信要比短信丰富得多。打个比方，微信认证的明星对着手机说一段话，就可以将其推送到成千上万位粉丝的微信上。粉丝当然可以回复，只不过是传送到PC端的公众平台，只有该明星登录PC端网页的时候，才能看到数以万计的各种回复。尽管如此，这也比微博更进一步拉近了公众人物和普通人的距离。想了解哪位明星的最新动态，关注他的微信就可以了。

第六，让阅读更简单。这是大家都熟悉的一个价值。微信公众平台最明显的用处就在于阅读和推送，简单地说，你主动获取你想要了解的内容，这样更直接、更有效。

第七，引流导流工具。微信是一个在用户服务、销售二次转化、黏度提升、口碑提升等方面作用明显的工具。商家可以通过其他推广方式引流导入到微信上，利用微信的基础功能进行关系深化、认可深化进而促成交易。只要用户不取消关注，你就可以随时推送信息，夹带促销信息给他们，和他们保持联系，并可以随时随地与他们沟通。

第八，市场调查。门店通过微信可以进行市场调查，为消费者提供需要的产品和服务，同时制订一定的口碑推广计划，让消费者主动传播公司产品和服务的良好评价，从而通过口碑推广产品、树立品牌、加强市场认知度，最终达到门店销售产品和提供服务的目的。

门店微信定位是门店微信公众账号建设和发展的核心。要想做好、做大、做强，一个微信公众账号必须制定一个适合自身发展以及符合自身建设的定位，明晰自己的定位，以形成品牌效应来辐射受众。而定位可以基于以下3个方面的前提假设：**战略目标假设——我们想做什么；外部环境假设——我们可以做什么；内部实力假设——我们能做什么。**只有找到适合门店的富有特色的定位，才可以彰显微信公众平台这一新兴媒体与众不同的个性风格，增强其不可替代性，进而形成市场优势——差异化优势、成本领先优势和目标聚焦优势。

因地制宜：量体裁衣找准定位

确立定位就是确立目标市场，就是确立战略取向。而门店微信如何定位，最主要的就是解决核心问题：**你是谁？你要做什么？**举个例子，假如你是做化妆品的，你的定位目标就是化妆品，而不要跨越到其他品类或者垂直行业，因为你更擅长这个领域。假如你是做美容的，你的定位就是美容，而不要去做保健品。在此强调一点，你一定要明确自己的商业目标。

明确定位：服务用户，不是营销工具

找准定位之后，你接下来思考的就是要做什么了。在这里我们强调一点：**多做些服务，用户会更爱你。**当然“服务”这个词比较宽泛，你可以理解为一切为用户着想的行为都是服务。事实上，微信营销只不过是微信公众账号的一个属性而已，你必须打开视野，别把营销当作公众账号。招商银行公众号很少群发，用户绑定后每次刷卡，招商银行会用公众号信息提醒用户代替以前的短信，还提醒用户可以随时查余额、账单等。在招商银行公众号中，用户直接回复相关关键词就能获得想要的信息。除此之外，艺龙旅行、南方航空等服务性行业门店可获得更好的价值，微信作为一个服务用户的工具可以让用户主动地体验服务，方便快捷。

一步到位：锁定目标找用户

微信的“摇一摇”“漂流瓶”等功能非常方便，可以迅速地让信息像“病毒”一样散播出去，这让门店微信营销成为可能。随着营销效果的进一步突显，微信营销必将深入每个人的生活中。但是要注意，微信营销做不好同样也会产生负面效应，如一味地发布打折促销信息会让用户当作垃圾信息，引起用户的反感。所以，门店不能只是简单、盲目赶时髦地开微信公众号，一定要先考虑好自己的目标人群或潜在用户在哪里，否则不如不用。

其中最主要的就是优化特色，创建品牌风格。这里主要从 3 个方面进行审察和优化特色。第一是**“独有特色”**，就是要在自己的门店微信公众账号中突出“人无我有”的特色。第二是**“相对特色”**，就是在门店微信公众账号形成“人有我特”的差异性。例如，官方微信在运营中注重题材的选择，注重形式的转化，注重理性的分析，

注重信息“碎片”的整合，注重采集各界的声音，在阐述中见深度、见广度，在探讨中见思想、见观点，形成新的观察视角，彰显门店的特点和风格。第三是“错位特色”，就是要在同类型的门店中形成自己的特色。总之，只有从这 3 个方面深化，才能让门店的微信定位更新颖、更活泼、更睿智、更独特、更受欢迎。

3.3 如何用公众号说话

在传统互联网的语言逻辑中，“说”意味着文字表达，意味着将希望表达的内容以文字信号传达给听众或观众，但在微信平台上，仅仅以传统意义上的“说”来作为执行指导显然不符合逻辑。

在制订一份微信传播策略的前阶段，品牌传播者需要思考的是用什么语言去说？这里所说的语言，并非指中文、英文、法文或者甲骨文，而是如何选择最适合微信生态传播特征的“语言”载体。

众所周知，受到工作生活压力大等多种因素影响，互联网用户碎片化特征愈发明显，具体表现为用户越来越没有耐心阅读长篇大论的文章，140 字的微博的流行很大程度上来源于此。同时，图片社交和视频社交的趋势上扬，换言之，互联网用户已进入到“文字疲倦期”，密密麻麻的大篇文字稿一定不如一组轻松幽默的卡通画配少量文字的传播效果，带动的用户对品牌信息的认知深度与积极分享的概率也会截然相反。

微信问世伊始便明确自身移动端远超 PC 网页版的战略方向，这也意味着绝大多数潜在消费者通过微信界面获取品牌传播信息的应用场景，是捧着一个 4~7 英寸的手机屏幕，而非 21 英寸以上的电脑液晶屏。在有限的屏幕空间内，如果文字密集，很容易倍增阅读者的压力，使之产生焦躁退出的想法。

3.3.1　视觉图片

人对于美感的追求与欣赏是与生俱来的天性，拥有视觉美感或轻松幽默的图片，辅以画龙点睛的少量文字，不仅可以舒缓阅读者的情绪，还会帮助阅读者保持耐心。需要特别强调：不论是长图片、漫画、恶搞幽默图片，抑或是美图，都可以让阅读者产生分享的欲望，从而带动更多的传播，这就是“看图说话”的传播价值。

3.3.2　游戏/表情

微信有“游戏中心”和“表情商店”两个非常有趣的功能。前者由腾讯互动娱乐提供运营，后者则采用腾讯最擅长的前端变现方式——用户收费。虽然，我们尚未正式启动探索“游戏中心”与“表情商店”的品牌传播内容植入，但不妨提前定论这两种方式均可以产生极为强大的品牌植入冲击。试想，一系列复合品牌价值的萌态表情被设计并且由表情商店提供免费下载使用，将有多么庞大的用户群体会在日常沟通中时不时按一个表情按钮，让品牌萌态表情成为装点屏幕的一个亮点？再试想，如果社交游戏中的道具由品牌命名，譬如用某电池品牌命名打飞机游戏中的双轨道炮道具，映射品牌的“动能”概念，将会深入多少不经意地玩游戏的用户心中？

3.3.3 语音/视频

人们对于可以直接看到的东西，总有一种先入为主的判断；但对于未知的信息，却会激发探索的好奇心。通过传播品牌内容的语音或视频，也深度沟通目标消费者，这也是传播的良策。对于受众而言，获取信息时可见的不过是一个声音文件或视频缩略图，猎奇心理会驱使听众点击打开听或者看。如果使用语音或视频模式做品牌传播，就需要更进一步地精细化传播内容。在互联网上传播效果良好的音频或视频，同样可能在微信传播中获取佳绩。请不要用语音或视频直接播放广告，听众不会在同一个坑里用同样的姿势跌倒两次。

具体采用何种非文字语言做品牌传播？需要根据具体的品牌传播诉求进行分析，通常情况下，上述三大方式不妨结合使用，既兼顾传播的深度、广度和精度，也可避免用户疲劳。

微信虽“微”，却五脏俱全，在微信平台上做品牌传播，并不会因为其界面较小而降低难度；与之相反，移动互联网用户特征的差异性，反而会让微信品牌传播面临更多需要解决的问题。微信平台拥有双刃剑特性，**一方面是微信粉丝成长成本较高，另一方面微信粉丝传播深度远超任何社会化产品**。也正因为此，与目标消费者进行品牌传播不能拍脑袋信口开河，需要在开口“说”之前就“打腹稿”并严格实施。

这里的“腹稿”就是一套周密的微信传播策略，具体包括以下4个方面。

品牌准备借助微信平台传播什么样的价值

品牌的价值通常也是品牌区别于同质化竞品的最大不同，这种价值的提炼与灌输是传播策略制订的首要步骤，其关系到微信平台做品牌传播的主导方向。值得一提的是，这一品牌价值的确立是品牌唯一与统一的价值解析，如果品牌已有现成的品牌战略，则微信上的品牌价值解析不应该背离大战略对品牌的诠释。同理，若无既定品牌的诠释可以参照，则微信平台传播的品牌价值一旦确立，就意味着该品牌对外所有价值诠释均需要遵循此指导纲要。

品牌传播时，准备针对哪些内容进行传播

任何一个品牌都不会是单一价值的，在多数情况下，品牌的价值是一个多因素的组合体，这些构成品牌的因素可能用一些简单的标签来表述，譬如动感的、时尚的、历史底蕴的、沧桑的、价廉物美的或物超所值的。这些因素需要在腹稿中划分为不同的内容方向，而不是企图在一个内容方向上兼顾所有的品牌因素，否则可能直接导致传播内容“四不像”。

具体传播什么主题

内容创意团队根据内容方向，需要有指向地创作传播点。用什么样的病毒性视频传播某一个品牌因素会促成潜在受众帮助分享？缔造一个什么样的“文字体”可能驱动一场席卷微信圈的风暴？类似的创意，一方面需要贴近内容方向，另一方面需要兼顾受众喜好与微信用户的行为特征。

分别使用何种微信载体进行传播

微信有多种不同的功能，用公众账号推送是一种传播方式，而通过一些关系较为密切的消费者发送也是一种方式，载体的选择在

于内容方向与主题的特征，寻求最适合传播效果的载体发布信息源，会取得事半功倍的成效。通常而言，匹配内容方向与传播需求的载体会有显著特征：**即受众行为与兴趣点，内容越匹配用户兴趣，传播载体越匹配用户行为，形成的传播结果就会越接近乃至于超出原期望值。**

传播策略的制订等同于一套腹稿的确立，根据腹稿准备的内容，从容不迫地布局传播规划，进而在具体执行中根据不同阶段的效果及时调整优化，并且寻求传播数据分析与整合，会在未来持续传播中赢得经验与传播成本的优势。

虽然服务号和订阅号发送出去的消息会一直等待在用户的消息列表里，不会消失，但是用户的及时查看对提升信息的到达率是十分有意义的。有些推送消息，如促销活动等，有着一定的时效性，因此保证消息会被及时打开就很重要。在发送信息时要谨慎选择发送时机，尽量选择用户会在听到微信提示音后第一时间做出响应动作的时机，例如，早餐、上班途中、午休、晚餐、睡觉前等时段，这些时段一般是用户闲暇的零碎时间段，甚至也许在上班的地铁上正无聊，收到提示之后一般会选择查看消息，这时的信息到达率高。同时，还需要考虑粉丝数量的多少，不同的粉丝数量决定一条信息群发全部完毕的时长，估计在 1~20 分钟不等。时间差有时候也必须被考虑进去，因为黄金时段并不会持续很久。

随着 3G/4G 乃至 5G 和 Wi-Fi 的普及，移动互联网已经能够满足人类的视觉享受。因此，微信的信息也自然遵循读图时代的规律，用户不会花太多时间在文字上，只会更加偏好图片表达。与其花大力气去写一段微博式的群发短信，倒不如发挥微信图文并茂的特色。

另外，微信灵活的信息形式，可以实现更多方式的一对一互动。例如，星巴克的音乐回复：当用户添加“星巴克”为好友后，用微信表情表达心情，星巴克就会根据用户发送的心情，用《自然醒》专辑中的音乐回应用户。再如，飘柔的陪聊式微信对话：添加“飘柔 Rejoice”为好友后，就可根据选择进入聊天模式，真人版对话式微信，既能聊天又能唱歌。这些信息形式都比图片更能刺激用户的感官，留下更深刻的印象。

信息的标题要用最能吸引用户关注的方式迅速出击，抓住眼球，诱其点击。后慢是指信息的内容要慢下来，细心琢磨，想清楚信息的布局、链接推送、自定义菜单等需要进行推送的内容，不要有所遗漏。这样才能够实现先吸引用户进来获取信息，然后再保证用户信息获取足够全面的目的。在内文的安排上，还要注意层次关系。虽说内容需要层层铺开，但绝对不能让赘述的部分掩盖掉核心内容。

避免生硬推销是最重要的原则。做好内容规划的前提是了解用户群体，知道用户需要什么，再结合用户的关切点进行内容编排。一般来说，内容可以分为以下 5 种类型。

优惠信息

比较适合快销商品、标准化商品等用户对性价比敏感度高的情况。在这种情况下，直接给用户实惠的信息是最直接的方式。但是必须注意内容的编排方式和发送频率，过高频率和内容过于直白的推送对用户来说就是垃圾信息，效果和影响很小。

信息播报

一般是通报品牌或产品的重大事件，对于用户群体忠实度很高的账号来说，此类推送效果更好。但是此类信息也要十分注意内容的编排和发送频率，并且要严格挑选信息内容，最好不要做强行推送和用户关系不大的门店新闻，以免引起用户反感。

百科知识

结合自己的产品进行某个方向的知识性信息推送，因为这类信息专业性强，内容可读性较高，因此用户接受度高。也可以借由一些公众关注的时间节点，如重要的节假日、气候变迁、时政大事发生日等，推出一些结合自己产品的信息。

休闲轻松

此类话题最广泛，可以说是最好操作但也最容易做坏的一种类型。信息内容一定要围绕品牌的受众群体特征来设定，不同的群体会有不同的信息方向和适合的话题。同时，话题如何贴合品牌形象，结合产品信息，还不做作别扭，也是对营销者的考验。

关怀互动

比较适合针对会员制商家或拥有大批老用户的账号，如生日祝福、节日祝福、互动小游戏等内容。同时也可以结合优惠信息，推出特殊时段、面向特殊人群的回馈活动。

3.4 激发朋友圈的链式传播

微信朋友圈对于广告主而言，绝对是一块营销“宝地”，不做绝对可惜。而身为“宝地”的主人，微信自然也舍不得白白浪费，“不赚白不赚”。

但是，朋友圈广告是“土豪”才玩得起的，对于普通广告主而言，该如何渗透进去呢？答案只有一个——靠内容。如果一个好的内容能够引起微信用户的共鸣，自然会形成朋友圈的“链式传播”。

那么，什么样的内容更容易引发用户的共鸣，使其在朋友圈分享呢？

3.4.1　与“我”相关的内容

从心理因素分析，每个人首先关注的就是自己，同时也渴望别人关注到自己，这是一种潜意识行为。比如，当你看一张合照时，你首先看到的就是自己，然后才是别人。所以，微信朋友圈的内容传播也是一样的，只有当你的内容是与用户自己息息相关的，用户才会分享。

举一个很经典的例子，前段时间深夜食堂设计的“新年签”游戏，它利用的就是用户对自己未来的好奇心——任意回复数字 0 ~ 9，其会自动回复相应的“新年签”。从理性角度思考，这个游戏没有什么科学依据；但是，就是这样一个游戏，几天内竟然风靡微信朋友圈，10 个图文，每个至少都有 10 万以上的阅读量。可想而知，用户对于自己的认识多么“无知”和“关心”。

所以，这也说明了为什么性格测试、鸡汤、养生、星座等内容会经久不衰，以至于从 QQ 空间迁移到朋友圈，原因就是因为它们与用户息息相关。

3.4.2　发生“关系”的内容

众所周知，微信朋友圈的逻辑是熟人关系链，而且它比 QQ 空间做的更极致，你对好友的点赞、评论和回复只有相同好友可以进行和评论。

在一定程度上，这是一个封闭的社交环境；但是，正是这种封闭的社交环境，造就了微信好友关系的绝对“熟悉”。而这也提高了其互动性和信任度，这个时候的“好友关系”才更有价值。

在这种社交逻辑下，如果你想让用户分享一个内容，一个很好的办法就是让他与其好友“发生关系”，只有这样，你的内容才会一个链条一个链条地传播出去。

匿名社交应用“无秘”做了一个 H5 应用——好友印象，其实是一个分享到朋友圈的半匿名互动游戏，官方提供了若干问题可供选择，当然，用户也可以自己想问题。关联微信号后就可以将问题分享到朋友圈，好友点击链接后即可匿名对你评价。这个应用在微信朋友圈传播后，随即流行了起来，一段时间甚至刷屏。

显然，“无秘”的好友印象抓住了发生“关系”这个点。要知道好友对自己的评价，这是每个人都想知道的，而用户要想知道这些，首先就必须得分享。

3.4.3　嫁接热点的内容

嫁接热点是营销人的一个基本思维。在微信朋友圈做传播也不例外，而且这个效果更好。

细心的人会发现，以前没有微信朋友圈时，大家都会在微博发表评论。但是，当微信朋友圈越来越火时，大家都开始在微信朋友圈说出自己的看法和立场。

为什么？原因很简单，因为微博的关系链太弱了，普通用户的发声得不到反馈，没有人看到他的态度。但微信朋友圈不一样，基本是自己的熟人朋友，他的态度能很快得到反馈，且这种反馈来自于朋友，不管朋友对他的态度认可与否，他的感受都会比没有反馈强。

正是因为如此，你会发现，这段时间只要有热点事件，微信朋友圈基本就会相应地刷屏，如姚贝娜病逝、周杰伦结婚、陈赫离婚、汪峰求婚等，甚至前段时间"追气球的熊孩子"事件就在微信朋友圈爆发。只要门店相应地借势这些事件，内容的传播效率将呈几何倍增长。

门店在微信朋友圈设计内容时，结合热点也是一个很好的选择。不过，效果可能会比前两者差一些。

值得注意的是，以上三点其实可以用一个模型——社交关系图谱来解释。大家都知道，我们在社交关系中，主要分为三层：**最核心的一层是自己（我），中间一层是熟人（亲人、朋友、同事、熟人），外面一层是陌生人（名人、普通人）。**微信朋友圈是熟人关系链组成的社交关系，所以，促进用户分享的内容肯定要和前两层的关系非常密切，第一层的内容是需要指向自己，第二层的内容是需要使其发生"关系"，第三层的内容是与热点事件相关的。

3.5　实用技巧

我们知道微信文章的标题至关重要，因为这关系到用户是否会打开你的文章，更重要的是其对你的门店宣传有着重要的影响。倘若不能引起粉丝的兴趣，他们看了标题之后不会点进去看内容，那么就意味着这次发的内容效果为零了。

标题一定要简明扼要，要顺口、有新意，通常选择 7 ~ 12 个字或者 12 ~ 15 个字为宜，从传播知识、发布优惠信息、满足好奇心、提供忠告等入手进行策划。下面介绍门店微信内容取好标题的 10 招秘诀。

3.5.1 草船借箭式

这招其实你可以简单地理解为借力打力、借势营销或者四两拨千斤。通常第一种做法是紧抓热点、热门事件，借势撰写标题与稿件，例如，中国好声音很火，我们可以据此写标题——“你所不知道的化妆品好声音”。第二种做法则是借力，通常会借助权威部门发布的数据进行解析。第三种做法则是移花接木式，通常的做法就是抓关键字，然后进行改编，如“你妈妈喊你来看微信”。

3.5.2 故弄玄虚式

这招其实就是明知故问，主要形式有提问式、疑问式、反问式。提问就是提出问题，从而引起思考，引起关注，如“微信营销门店该何去何从？”

疑问式则是通常用的做法，通常会用“怎么样”“有哪些”“怎么办”这样的词做标题，例如，“孩子学习成绩不好怎么办？”“微信营销赚钱可能吗？”反问式则是反问，通常是只问不答，例如，“微信难道不是营销工具？”

3.5.3　情不自禁式

这种方式主要贴合用户的需求进行策划，通常有六种做法：第一种是数字型的，如“男人难以启齿的十大秘密”“改善性格少发脾气的 11 个饮食方法”“财务报表分析的八大误区”等；第二种是夸张型的，如“史上最疯狂的手机甩卖”等；第三种是优惠型的，通常标题会用“免费”“打折”“跳楼价”“惊曝”“加量不加价”等词来突显给用户的优惠，如“12580 请你看电影——微信订票买一送一”“100% 中奖的奖品，你拿了吗”等；第四种是诱惑型的，如“我是如何成百万富翁的”“我是如何利用微信月赚钱十万的”等；第五种是恐吓式的，如“读书的危险性”“高血脂，瘫痪的前兆”等；第六种是对比型的，通常用对比让你选择，如“服务号向左，订阅号向右”等。

3.5.4　金玉良言式

这招你可以理解为促膝谈心或者不吝赐教式，主要是从情感的角度出发，把用户当成好朋友，为他出出点子，提提建议，主要有以下五种方法：第一种是如何式标题，其实就是告诉你怎么办，如“如何玩转微信”“如何写好软文标题”“微信交友，如何不上当”“淘宝购物，如何防止上当受骗”等；第二种是建议式标题，就是出点建设性的意见，如“别让孩子输在起跑线上”等；第三种是命令式标题，如“公司员工必须要遵守公司规定”等；第四种是情感式标题，如“老公，烟戒不了，洗洗肺吧”“写给那些战‘痘’的青春”等；

第五种则是诉求式标题，用劝勉、叮咛、希望等口气来写，如"用功读书时，请注意保护眼睛"等。

3.5.5 刨根问底式

人人都有好奇心并且渴望知道答案，因此在取标题时我们要巧妙地设置悬念，引起用户的求知欲，如"你为什么做事坚持不下去""是什么让他的爱车走上了不归路""人类可以长生不老"。

利用悬念通常有四种做法。

反常造成悬念，如"中国人 90% 不会喝茶"。

变化造成悬念，如"不玩微信你就过时了"。

不可思议造成悬念，如"武汉上演蛇吞象风波"。

欲望造成悬念，如"您不想面容再白嫩些吗"。

3.5.6 喜闻乐见式

这种方法主要根据人们对新闻的注意及阅读习惯来策划标题，主要从大家感兴趣、想了解的事情入手。

通常会在标题中把最主要的、最新鲜的事实点出来，常用的关键词有"首现""惊现""风生水起"等。

3.5.7 娱乐八卦式

这种方法主要是让标题生动有趣、富有幽默感，或者来些爆炸性的料。这通常会用到各种修辞手法，或者借助网络流行词，比如“赶快下‘斑’，不许‘痘’留”“三岁小孩能背《史记》的秘诀”“张飞也怕上火”。再列举两个修辞手法的案例，比喻的如“今年‘秋老虎’好温柔”，拟人的如“微博掉泪了”。引用类的我们可以用诗词、成语典故、古汉语、谚语、歇后语、行业内专业术语、影视、戏曲、歌曲名等。一般双行体较多，比如“房价下跌百姓只问不买，中介只求非诚勿扰”。

3.5.8　一箭双雕式

这种方法主要是用双关语策划标题，主要采用双关语或者谐音。如“微信打火机火了”就是个同音双关，“道是无晴却有晴”是个谐音双关，还有“今年最高回报率的项目被我赶上了”“豆瓣商品：如何把商品豆瓣化”等。

3.5.9　耐人寻味式

主要是卖个关子，另起用户的兴趣和胃口，让用户去猜测、去想，如“微信赚钱，是真的吗”。通常用的词有“防止”“小心”“别被”等。

3.5.10　开门见山式

这种方法可以理解为直奔主题，主要是让用户一目了然，例如，“微信营销制胜的无限法门”“和优秀的人在一起真的很重要”“世界最全的咖啡知识”等。

在订阅号的界面里面有这样一个规则：**谁后发谁就会显示在上面**，即在订阅号中的显示顺序是，谁最近更新，谁就排在最上面。而在主界面中，订阅号界面显示的也是最后一条更新的公众号内容。这意味着今后如何来推送，如何选择时间点将成为门店微信研究的热门话题。

除此之外，你要记住全部群发完一条信息估计要 1~15 分钟不等，故信息发送时间最好选在午饭后或晚上睡觉前。另外，发送信息的时候记得分组。建立用户分组，根据分组发送不同内容，这样信息的精准度也会相对较高。

接下来我们来看下把握门店微信内容推送时间的技巧。

第一，数据分析。根据微信数据分析来进行规划，因为只有这样你才会知道你的粉丝活动的时间。

第二，因人而异。对不同的营销对象采取不同的时间策略。如要想在早上推送，对白领上班族，最佳时间应该是 8:00—9:30，而对学生族则应该是 8:00 左右。而在双休日，晚上的时间是最佳的。

总之，媒体关于发布时间的说法莫衷一是，有的说周末不是发布内容的好时段，应该避开，有的说 20:00 以后这个时段要避开，这些说法各有各的数据根据和道理，但切记一点：**门店微信推送时间还是得根据你的用户对象来定。**

第 4 章

微信圈粉其他技巧

4.1　普通技巧

社交网络让优质的商品传播得更快，商家要想通过微信得到更大的营销机会，必须把好产品或服务的质量关。我们知道，有效的粉丝是门店进行微信营销的核心武器，那么，如何快速增加自己的微信粉丝呢?

4.1.1　设置签名，搜索附近的人

微信个人签名字数有限，只能输入 29 个字符，因此要简单说明你经营的内容，充分利用好这块广告位，通过每 15 分钟刷一次附近的人或使用“摇一摇”功能，来让其他用户看到你的签名。

4.1.2　漂流瓶推广

漂流瓶的玩法基本上就是申请几百个小号，每天都丢几千个漂流瓶，然后写一些诱导的留言，让其他人主动加你。这种如同大海捞针的方法也不失为一种找到用户的技巧；也可以直接宣传微信号，但这效果不容易被接受。

4.1.3　摇一摇

通过“摇一摇”，我们的目标是让人们看到我们的签名或者加我们，你可以不停地“摇一摇”，有人曾经试过，效果很好。这个方法的好

处是可以突破地域限制。"摇一摇"功能按照与最近的同时摇手机的用户配对的原则，如果附近没有，那么就会给你配对其他相对较近的。

4.1.4 微信互推

这是微信最快速涨粉丝的方法，以大号带小号，通常的做法是先做到 1000 个粉丝后开始找人合作互推，效果好的话一次就会获得上百的粉丝。所以微信合作也很重要。但需要切记的是，微信互推，一旦被举报，有可能被封号。因此要控制好与同一个合作伙伴间的互推次数。

4.1.5 以微带信

利用官方微博原有受众基数，更新微博头像进行二维码推广，并发布全新的关于微信公众号推广的新信息，为微信带来粉丝。

4.1.6 丰富的第三方应用

要想让你的微信公众号变得独特，就必须丰富你的应用。比如智能客服、微团购、刮刮卡抽奖、幸运大转盘、优惠券、微调研、微投票等多种智能应用，只需要加载进你的微信，就能轻松获得丰富的使用体验，从而吸引更多的粉丝。

4.1.7 一定要换位思考微信内容

只要更新人们感兴趣的话题，人们就会自动来粉你，如笑话、故事、图片类等。在这个时代，人们缺少的并不是资讯，而是对他们有用的资讯，所以在发布微信内容时，千万不要一厢情愿地狂发各种广告，要知道，用户放弃你也只是一秒钟的事情。每个微信用户都关注了一大堆的公众号，但真正能让他们喜欢看的永远只有少数几个，门店如果想让用户时刻关注你的动向，喜爱上你的广告，就一定要讲究内容发布的技巧。记住，喜欢的内容一定有优惠促销、好玩的信息、能让人感动的话语、有吸引力的活动等，发布要少而精。

4.1.8　扫一扫

这里说的是线下的口碑营销，具体是指利用微信的“扫一扫”功能来增加粉丝。不少门店会在每个可以宣传的地方，如户外广告、电梯广告、宣传彩页、易拉宝等处放置二维码，但是这样做还不够的，还要给别人一个扫你的理由。

4.1.9　意见领袖

门店的高层管理人员大都是意见领袖，他们的观点具有相当强的辐射力和渗透力，对大众的言辞有着重大的影响作用，能潜移默化地改变人们的消费观念，影响人们的消费行为。微信营销可以有效地综合运用意见领袖和微信自身的强大影响力刺激需求，激发购买。当然，如果你有很多人气资源或人气朋友，可以让他们推荐你。

4.1.10 文章推广法

每写完一篇文章，一定要在文章的最后附上微信账号的推荐，文章一旦被发布出去，必定会有人来粉你。发布文章的平台越好，粉丝会增加得越多。可以找免费平台，也可以找收费平台，论坛、博客、微博、贴吧等都是很好的平台。在各大社区处处留“情”，增加曝光度，这样会给你带来很多粉丝。

4.1.11 QQ推广

申请一个 QQ 号，充分利用 QQ 群、QQ 邮箱等资源，并将 QQ 头像改成微信二维码，每天发有用的资讯，吸引人们的注意。

4.1.12 微信签到

门店可以举办一场别开生面的活动或新品发布会，让用户通过微信签到，从而增加粉丝。

4.1.13 加陌生人，发广告图

不管是通过“附近的人”还是“摇一摇”添加陌生好友，都可以主动打招呼步步设计，如发张广告图后询问对方：“我在做图，但不知道我做的广告图能否让人看懂，你能帮我看看吗？”每个人都有点挑毛病的心理，这种询问方式迫使陌生好友仔细观看广告图

内容以便挑问题，在此过程中已经达到了很好的推广效果，由此方式展开联想，还可以有多种问话方式。

4.1.14　微博向微信引流

这种方式的转化率有限，原因在于各大门店微博里都存在海量"僵尸粉"，加之现在是快媒体时代，一条微博的生命周期有限，而人们面对的信息噪声却有很多，很容易被忽略。

4.1.15　线下向微信引流

这招就应了广告圈里的经典名句："我知道我投放的广告有一大半都是浪费的，但是我不知道浪费在哪儿。"同理，我知道我印制的大量二维码是没用的，也不知道能招来谁，但是别人印，我也就印吧，留个入口，占条道。

4.1.16　网站向微信引流

在自己的网站上引导用户添加微信。

4.1.17　活动推广

基于活动的推广可分为线上和线下，线上还包括互联网和微信活动，方式众多。例如，在微博上发起活动，关注就有机会获得礼品；或者在微信里发起活动，介绍身边的朋友即可获得折扣礼品等。

线下方式可参考微博，例如，餐厅需要推广自己的微信号，只要推出活动让每个来的客人关注微信即可享受折扣或送 ×× 食物等。

4.1.18 微博大号推广

有很多草根微博大号靠这种方式做微信都非常快地获得了很多粉丝，也可以利用自己的资源跟别人互换；但是对于没有资源的新手，只能请一些微博大号给推广了。

4.1.19 其他线上推广

这类推广就无须多介绍了，无非是在人人、豆瓣、贴吧、空间、论坛等进行推广。但这类推广也有需要注意技巧的地方，比如在贴吧，可以将二维码做成签名图片、论坛或贴吧头像，带上你的业务或者核心宣传语，这样你的每一次评论都是一次宣传推广，且不容易被删。

4.1.20 基于社交应用的推广

这里指利用社交应用来推广，例如，在陌陌或人人网上写上你的签名或放置你的二维码，或者利用视频或图片进行推广。

用来增加粉丝的方法如此之多，需要说明的是，对于不同类型的账号，如明星账号、门店账号、草根账号等，适合的推广方法都不太一样。关键是多去研究，找到一些适合自己的推广方法。

要想增加粉丝，门店首先要与目标用户进行互动或者对话，然后从中寻找到有效的粉丝，同时还要善于借助于各种技术，将门店产品、服务的信息传送到潜在用户的大脑中，为门店赢得竞争优势，打造优质的品牌服务。

4.2　微信营销十大原则

从微信的主要功能特征、人群的主要使用习惯和现阶段在社交中所扮演的主要角色来看，很多门店并不十分清楚微信营销的原则。微信公众号与粉丝的关系链是非常脆弱的。因此，门店就需要靠不断地增加新粉丝来维护微信账号的价值。那么面对庞大的微信用户基数，门店微信营销应该遵循哪些原则才能促进粉丝主动传播，从而二次增加新用户呢？

4.2.1　有的放矢、对症下药

门店利用微信营销一定要有目标及针对性，然后按此去采取不同的措施来达到目的。比如门店要利用微信进行品牌传播，就要知道如何进行品牌传播，是靠活动还是靠口碑，接着就开始进行规划，一步步实现目的。在这里，我们建议门店要搞清目标，然后再制订执行计划，切忌盲目冲动地去做。另外，门店在利用微信营销时，不要好高骛远，毕竟纸上得来终觉浅，绝知此事要躬行。

4.2.2 他山之石、可以攻玉

目前，微信营销的案例层出不穷，获利的门店成功的方法让我们眼界大开，门店利用微信营销一定要注意博采众长，学会借鉴别人的方法与经验，来改善自己的门店微信营销，说得简单点，就是“拿来主义”。只有不断地学习别人成功的方法，才能让自己门店的微信营销越做越好。

4.2.3 善用工具、草木皆兵

工欲善其事，必先利其器。门店在做微信营销的时候，务必要清楚微信的各种属性及其功能，比如查找附近的人、LBS（地理位置服务）、摇一摇、二维码、朋友圈的功能等。只有把这些属性烂熟于心，方可运用起来得心应手。例如，门店可以通过微信转发、漂流瓶、摇一摇等功能传递优惠及互动信息，可以与微信用户建立新的关系链。配合二维码、移动互联网广告实现更多新用户的关系链接，如二维码为微信账号传播提供了绝佳的衔接介质。通过平面、户外、网络、印刷品等媒体可以很方便地露出二维码，再结合诱因（如微信会员卡）即可比较简单地获得粉丝。这种与现有媒体捆绑的方式，可将现有媒体传播价值保留和延伸至移动互联网中，以沉淀新产生的潜在用户。

4.2.4 知己知彼、百战百胜

这里主要讲的是门店要了解粉丝到底需要什么。对于门店来讲，如果你的粉丝需要你提供服务，这时门店的微信就要利用微信随时随地与用户沟通，让门店的微信成为与既有用户的即时沟通工具，延伸现有用户服务体系，满足现有用户产品咨询服务，成为用户咨询应答平台。如果你的粉丝需要关怀，门店要利用微信丰富的表达方式（文字、声音、视频等），向用户以友好的方式传递产品使用提示及用户关怀活动，增加用户黏性。如果你的粉丝需要对产品或者服务进行咨询，门店就要利用微信发挥其自动应答、即时回复等功能，解答潜在用户的问题，完成对零散用户的服务。总之，尽量去满足粉丝合理的要求，从而与粉丝形成黏性的汇聚力。

4.2.5　精益求精、恰如其分

微信是一个社交型的弱媒体平台，这就要求在推送信息上，要根据用户的属性分类来推送对应的信息。在粉丝的维护上，要根据粉丝的属性（地域、爱好、穿衣尺码、身高、肤质、婚否等）来进行分类，根据用户的特性来推送对应的信息。例如，对用三星手机者就没必要给他推送 iPhone 手机壳，因为这样用户购买的可能性比较低。此外，对于用户的咨询和提问要及时给予回复，同时，语气要亲切，切勿高高在上。及时回复、态度亲切，才会让用户感受到这是一个人性化的账号，背后是活生生的个人，用户才会更有互动积极性，而在频繁互动间，美誉度、口碑等自然而然就形成了。

4.2.6　出其不意、攻其不备

微信粉丝对内容容易审美疲劳，容易喜新厌旧，如果推送的信息没有趣味，干巴巴的，很容易让用户觉得你可有可无，从而离你而去。这就要求我们在编辑每一条信息时、组织每一次微信活动时，要出其不意、攻其不备。尤其是要注意在实用的基础上兼顾趣味性原则，让用户觉得新奇有趣。目前已有不少淘宝卖家的微信号，时不时做做心理测试、星座测试，收到了很好的互动效果。

4.2.7 重赏之下、必有勇夫

这招你也可以理解为欲擒故纵。门店除了向用户简短地传递信息、进行营销活动之外，还要来点奖励，如优惠信息、打折等；同时，结合微信 LBS 功能引导消费者产生线下行动，以转化潜在用户为意向用户，比如线下线上结合。线上线下活动结合的意义在于面对面的交流更容易培养忠实的粉丝，产生更鲜活、更接地气的内容，这样的微信公众号才会显得更真实，更有亲和力。

4.2.8 五花八门、出奇制胜

门店要克服自以为是的观点，不要认为自己的产品是好东西，就一定会人见人爱；要知道人家凭什么非得爱你，非得买你的产品不可，你的产品究竟能给消费者和用户带来什么好处，具备什么样的特色，是否能比其他产品更好地满足用户需求等。门店要全面利用各种手段来进行结合营销，例如，针对不同的产品，制定不同的价格，选择不同的渠道，采取不同的促销方式；或者利用微博、论坛、QQ 群等多种手段整合进行微信营销；或者对微信平台进行二次开发，提供更丰富的应用。

4.2.9　引人入胜、令人神往

这里主要指门店通过微信向消费者传递信息，唤起消费者的兴趣和欲望，这里主要是通过对粉丝需求的创造，从而去引导用户、促使用户进行消费。这时要求门店懂得如何创造需求，**即发现、创造、提供什么样的价值。**现在最重要的是，门店必须提供用户认为最有价值的利益，**即真正解决用户问题和满足用户需求的产品和服务，**比如化妆品为用户提供的利益是“美”，倘若门店能站在用户的角度来思考，把美的概念深入化、人性化，就会受到粉丝的青睐。另外，就是运用价格以外的竞争手段，如产品的品种、质量、性能、专利、品牌、款式、特色、包装、服务等唤起用户的购买欲望，并使其购买产品，从而达到战胜竞争对手的目的。

4.2.10　持之以恒、马到成功

门店要切忌欲速则不达。门店在进行微信营销之时，一定要淡化营销味道，避免引起用户反感。同时，要坚持对粉丝进行维护，毕竟冰冻三尺非一日之寒。门店只有不断地投入与执行，不断地坚持，才能在实战中积累经验，从而赢得用户。

除此之外，门店在进行微信营销时，还要注意一些基础工作，如微信公众号名称设置、微信号、撰写简介、推送的信息性质、吸引力、活动规则、信息长度、粉丝特性、互动规则等尽量遵循简易、简短、趣味、精准及时与亲切的原则，这样才能长久地维系住粉丝，提高粉丝活跃度，更好地实现价值转化。

第二部分
如何利用微信提升产能

第 5 章

利用微信做零本万利的营销活动

5.1　附近的人

“附近的人”是微信经典功能之一，结合 LBS（地理位置服务）技术，我们可以定位自己所在位置，同时也可以定位我们周围的微信用户。

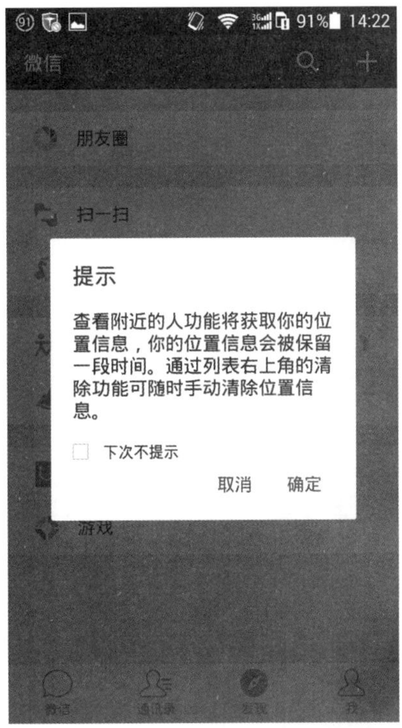

此项功能在个人应用中普遍地被当作交友的工具，因此饱受非议，提起“附近的人”容易给人动机不纯、目的不良的印象。

可是，对于实体零售店面来说，应用此项功能却可以为店面运营带来奇效，具体说来，就是吸引用户进店并发展用户。

实体店难免会遇到“门前冷落鞍马稀”的状况，比如遇到糟糕的天气、节假日，甚至店面自身位置欠佳，都会使进店用户的数量大打折扣，没有进店量，如何推动成交量呢？

此时用微信“附近的人”功能，恰到好处。

打开微信，在最下列“微信”“通信录”“发现”“我”4个选项中点击“发现”，即可显示“附近的人”选项，单击后，微信会自动为你定位，并根据你的位置为你显示在附近的其他人。

下面，我们将从两方面来探讨如何利用“附近的人”做微信营销：**一是自己如何加别人的策信；二是如何让别人加自己的微信。**别忘了，我们在查找附近的人时，自身也极有可能成为别人的“附近的人”。

先说如何加别人的微信，查找到“附近的人”后，我们会看到以下界面。

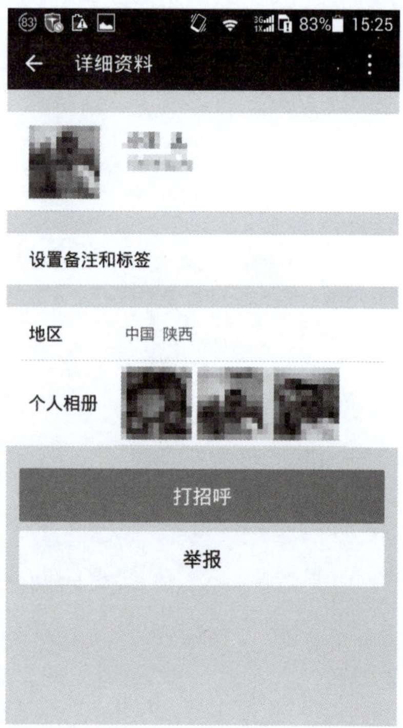

这样，我们就可以毫无顾忌地招揽用户而不受天气、地点等限制了。在吸引用户进店并发展用户时，一般按如下 3 个步骤进行，如图 5-1 所示。

一看

- 看显示距离，是否超过店面一般辐射范围（3～5km）
- 看显示地区，是否可以在打招呼时加以利用，如以老乡身份拉近距离
- 看个性签名，分辨用户性格、星座、信仰、个人说明等信息，初步了解用户
- 看个人相册，有的用户会显示个人相册内容，单击进入后，从用户发布的图片、文字等可以进一步了解用户的喜好、最近关注点、个性、喜好、习惯等
- 看资料是否完整、可信，微信不排除存在诈骗，通过观察头像是否为本人照片、是否有个性签名、相册内容是否平实等可以初步判断此用户质量的高低

二想

- 想是否属于自己店面的目标用户群；若不是，有无机会推荐给其家人、朋友等，如有机会仍属于发展对象
- 想用户分类，如按年龄、性别、性格等，依据“看”的环节掌握的信息进行分类
- 想“打招呼”的突破口，可以利用“看”的环节的信息，如地区、朋友圈中提到的爱好、需求、旅游、起居、饮食、关注点等生活信息

三说

- 单击“打招呼”键加粉
- 一般来说，对陌生人的防卫心理会是此时的主要障碍，打招呼时应以消除防卫心理为原则，主要操作方法有以下3种：
  ① 共鸣法：即通过观察用户显示信息，找到共同话题、相似点、共同爱好等，借此迅速拉近距离。如“您昨天晒的风衣真漂亮，我们店内有新款围巾可以搭配，就在附近，欢迎顺路进店”
  ② 诚意法：开诚布公告知对方自己的身份与目的，以诚挚的姿态与热忱的态度争取到好友。如“我们店经营各种新潮服装，欢迎惠顾”
  ③ 吸引法：可以利用优惠、活动等利益吸引，利用人的好奇心吸引等，如“衣服促销 1 折起，欢迎挑选”“想知道围巾最美搭配法吗？关注即知”

图 5-1　用“附近的人”发展用户的 3 个步骤

这是利用“附近的人”吸引用户进店并发展用户的具体方法，与此相类似的，微信还有“摇一摇”“雷达加朋友”“漂流瓶”功能

可以使用，如表 5-1 所示。

表 5-1　微信不同功能的特点及适用范围

微信发展用户	特　　点	适用情况
附近的人	精准性较高但互动性欠缺	大量加粉、吸引用户进店
摇一摇	互动性最高但精准性欠缺	不建议经常使用，除非“摇”出的距离很近
雷达加朋友	精准性最高，互动性较高	针对性极强，通常用于距离很近的目标用户
漂流瓶	精准性与互动性较差	不建议经常使用

“摇一摇”虽然作为重要功能之一显示在微信“发现”的一级目录下，但随机性太强，会导致发展用户毫无目的。虽然“摇”出的用户也在同一时刻使用了“摇一摇”功能，使得互动性很高，加粉的成功概率很高，但还是不建议使用，特别是对地理属性要求很高的实体零售店来说。

需要提的是“雷达加朋友”功能，此功能扫描的距离比“附近的人”要近得多，在身边几米范围之内。对于实体店来说，此项功能有一个很好的用处，即针对滞留、等待、随便看看等店内用户非常有效。

一般店面对随便看看、排队等待的用户都没有什么好的办法实现有效接近和沟通，而利用微信“雷达＋朋友”即可非常有效地解决这个问题，方法是打开此功能扫描。一般而言，通过头像、签名等信息，我们可以差不多猜出对应的店内用户，然后我们就可以用一种非常高效的方法“打招呼”，例如，“先生，您抬起头，我就在您的对面。”

这样新奇的方式可以迅速激起用户的好奇心，也可以迅速拉近店员与用户之间的距离。这样一来，用户虽然有可能不配合店员的产品推介与体验活动等，但至少获取了用户的好感、给用户带来极深的印象并增加门店微信粉丝。这种方法不仅很好地解决了店内用户不配合的情况，也大大提高了销售效率。

用“附近的人”“雷达加朋友”加微信粉丝、拓展潜在用户，需要注意两方面的问题，一是博，二是精。博即广博，撒网捞鱼；精即精准，垂岸钓鱼。例如，在聚会、旅游、讲座时，开启附近的人，可以迅速捕捞一大批质量较高的业内人士、目标用户，在面对用户拒绝、不方便沟通时，开启雷达加朋友，可以精准捕获目标。二者结合并长期坚持使用，可以为店面带来可观的用户数量。

以上我们探讨的是自己如何加别人的微信，下面我们来探讨如何利用“附近的人”让别人加自己的微信，主要通过基本信息和优惠卡券 2 个方法。如表 5-2 所示。

表 5-2　2 种办法让别人通过“附近的人”加你的微信

<table>
<tr><th>通过“附近的人”吸引粉丝</th><th colspan="2">方　法</th></tr>
<tr><td rowspan="5">基本信息</td><td>头像</td><td>可以使用店面Logo。为增强亲和力，建议使用真实、清晰的个人照片作为头像，女性为佳，因为女性的被接纳度比男性高很多</td></tr>
<tr><td>微信名称</td><td>易辨、好记、有个性、吸引人</td></tr>
<tr><td>地区</td><td>应与店面所在地区一致，且详细、具体</td></tr>
<tr><td>个性签名</td><td>以展示专业、干练等为原则，如店面名称、主营业务、卖点、优势等，尽量在10个字以内表述清楚</td></tr>
<tr><td>个人相册</td><td>尽量以配图与视频为主，贴合热点话题或者其他引起好奇心、吸引注意力、引起阅读兴趣的内容</td></tr>
<tr><td>优惠卡券</td><td colspan="2">目前，微信“附近的人”功能会将定位点附近的实体门店放置在搜索结果的第一条显示，且目前只向认证服务号和有卡券功能的全部公众号开放</td></tr>
</table>

微信将逐步向拥有线下实体店零售业务的公众号开放门店管理入口，只是其初期先向认证的服务号和有卡券功能的全部公众号开放该功能。

这对于实体零售店来说无疑是好事一件，微信用户使用“附近的人”时，第一条位置即可查询到店面的图片、具体位置、电话、卡券、营业时间、产品推荐、特色等，这不仅为门店提供了低成本、高传播率的宣传渠道，更可以进一步促使用户进店消费。对于这种功能，我们当然不能放过，要好好加以利用，那么，如何操作呢？

第一步，进入微信公众平台，单击左侧“添加功能插件”选项。

第二步，单击进入后，选择“门店管理”选项，单击进入，进入后单击“申请开通”。由于目前微信只向有认证资质的服务号及有卡券功能的公众号开放，所以商家需要先具备这两个条件，具备之后将立即开通。

第三步，开通之后，公众平台左侧功能栏将出现“门店管理”选项，单击进入，可进行添加、删除、修改等操作。具体可参考该页面右上角“公众平台门店信息填写说明”。

店面添加该功能后，微信将会进行审核，审核通过且数据优质（全部信息填写完整、至少上传 3 张清晰图片）的门店有机会出现在“附近的人”中，并以商户详情页的形式展示。

5.2 手机充值

上面我们讨论了微信“附近的人”以及相似功能在实体零售店

经营中的应用，并且主要强调其吸引进店及发展用户的功能。应该说，仅仅这一项功能，就可以帮助门店解决客流量少的问题。下面，我们将主要针对“钱包”选项里的各项应用展开探讨，如何通过微信自带的这些功能设计营销，进而获取用户、留住用户、黏住用户？

在探讨之前，我们要明确一个整体思维，即“活雷锋思维”，或者叫“活雷锋意识”，如图 5-2 所示。

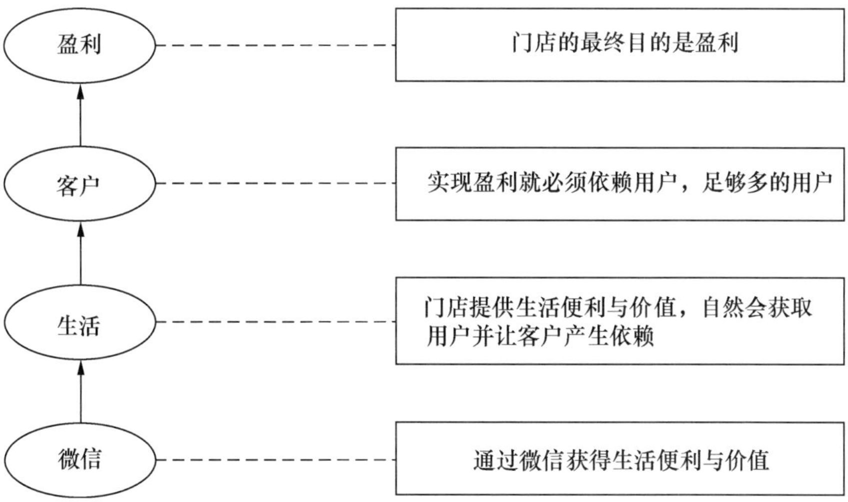

图 5-2　“活雷锋思维”的内涵

我们与大家探讨的，仅仅是最后一部分，是“术”的层面。我觉得有必要与大家理清“道”层面的思维与意识，否则即便我们有千万种微信营销的方法，门店还是不得要领，不会用。

盈利到用户这一环节的转换，本质上是营销模式的转变。传统模式下，我们习惯将营销过程等同于买卖过程，将经营等同于买卖，将关注点集中在“卖”上，这是产品导向的旧思维。

在如今产品极大丰富、产品同质化非常严重的情况下，我们还用旧思维解决新问题，显然是行不通的。什么叫产品极大丰富、同质化非常严重？就是用户买你的产品也行，买其他家的产品也行，那么问题来了，你有什么理由让用户与你成交呢？

只有一个理由，那就是用户在情感上的倾向，所以，我们提出营销模式的转变，**即将关注点集中于“人”上，**这样营销过程将转变为与用户交往的整个过程，经营再也不是买卖这么简单，而是经营关系、经营情感。

接下来的问题，即如何使用户的情感倾向于你。影响用户情感的因素有很多，我们也可以通过体验营销的方法系统解决；但具体到促销与用户成交环节，最直接、有效、快速的方法就是给用户提供便利、效率、省钱、省时间等生活价值。

其一，用户需要的不是产品本身，而是依赖产品解决生活问题，如果我们能帮助用户解决生活问题，提高生活质量，用户没有理由不认可、不成交、不忠诚。

其二，我们将关注点放在用户生活关怀上而非商品买卖上，可以立即取得用户的好感，毕竟大部分用户目前还是习惯于买卖目的性极强的营销模式。

从用户到生活的转换环节，就是“活雷锋意识”的内核。抛弃传统的“卖东西”意识而更多地想一想，可以为用户提供什么样的生活价值、用什么样的生活便利能获取用户的好感、感激和赞誉？假设，如果你的店面功能可以囊括用户日常所需的方方面面，这就是我们将要展开的，生活到微信的转化环节，首先来看“手机充值”。

打开微信，在最下方“微信”“通信录”“发现”“我”4个选项中点击“我”选项，找到“钱包”选项，单击进入，第一行第二项即是“手机充值”功能。

单击进入后，我们会发现首页面为充值页面，点击下方中间的“手机营业厅”选项，输入手机号和验证码后即可查询套餐使用状态，包括话费余额、剩余流量、通话使用状况等。

单击上方的手机号码，可以输入别人的手机号为别人充值。

在现实中，很多人，特别是中老年人，还处于 2G 时代的手机使用习惯中，缴费要到营业厅，查余额也要到营业厅。店面根据“活雷锋精神”，利用这项功能，显然可以满足这部分用户的需求，为其提供生活便利。

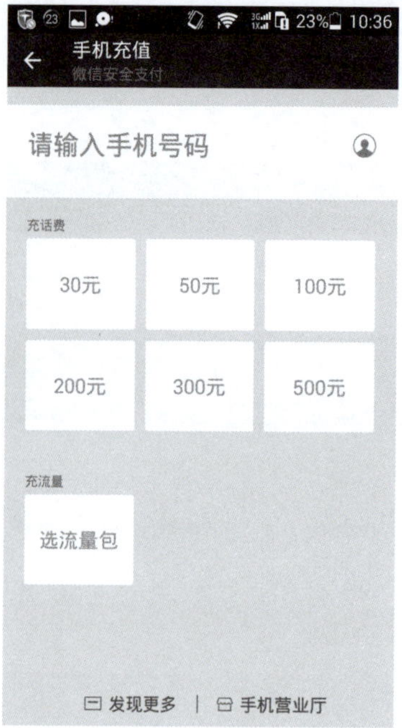

很多人会说，我们为用户提供了便利，可是用户并没有成交，有什么用呢？在营销模式转变下，我们关注的是与整个用户接触的过程。我们通过极低的成本换来了用户信息、用户赞誉、用户回头与用户黏性，比一次成交要有价值得多。如何做到呢？如表 5-3 所示。

表 5-3　如何通过“手机营业厅”功能提高用户黏性

微信应用	目标用户	使用方法	达到的目的
话费充值 流量充值	所有人，特别是不熟悉智能机与移动网络的中老年人	①店内外广而告之：本店可充值话费 ②利用比实体充值卡便宜的特点吸引用户充值 ③告知用户下次充值不必到店，只需微信发信息即可帮忙充值（借此机会教用户微信聊天方法，对没有微信的用户，帮助安装并加为好友）	获取用户手机号码、微信号、年龄、性别、职业、收入和套餐情况等信息，获取用户美誉度、依赖性，培养用户使用微信的习惯

续表

微信应用	目标用户	使用方法	达到的目的
话费余额、流量余额和通话情况等查询	所有人，特别是不熟悉智能机与移动网络的中老年人	① 店内外广而告之：店内有免费的话费查询服务 ② 帮助用户安装、申请微信，加为好友并教其聊天方法，引导用户想查余额时随时发微信咨询即可	获取用户手机号码、微信号、年龄、性别、职业、收入和套餐情况等信息，获取用户美誉度、依赖性，培养用户使用微信的习惯
赠送话费或充值卡	所有人	① 可以作为促销活动、积分奖品 ② 可用作节日、生日等礼物赠送用户	获取用户信息 获取用户赞誉培养用户忠诚度

我们替代了手机营业厅的一部分功能，自然也就会获取它的一部分用户。而实现手段很简单，仅仅是打开微信点几个按键而已。而对于习惯买充值卡和去营业厅缴费的用户来说，也没有理由不到门店充值，仅省钱一条就很有吸引力。

也许有人会有疑问，为什么不直接教用户用微信？我们的目的是为用户提供生活便利，在这个过程中获取用户好感、拉近与用户的距离，为长期运营打好基础。如果直接教用户使用微信的方法，**一是与用户生活诉求无关，容易引起排斥；二是用户若是不会使用微信，说明他本来就没有兴趣，再去教用户使用微信，一定不会达到预期的效果。**

从“手机充值”的功能在店面营销的应用来看，我们用“活雷锋精神”服务用户、做微营销活动时，要从眼、手、脚三个方面入手，如图 5-3 所示。

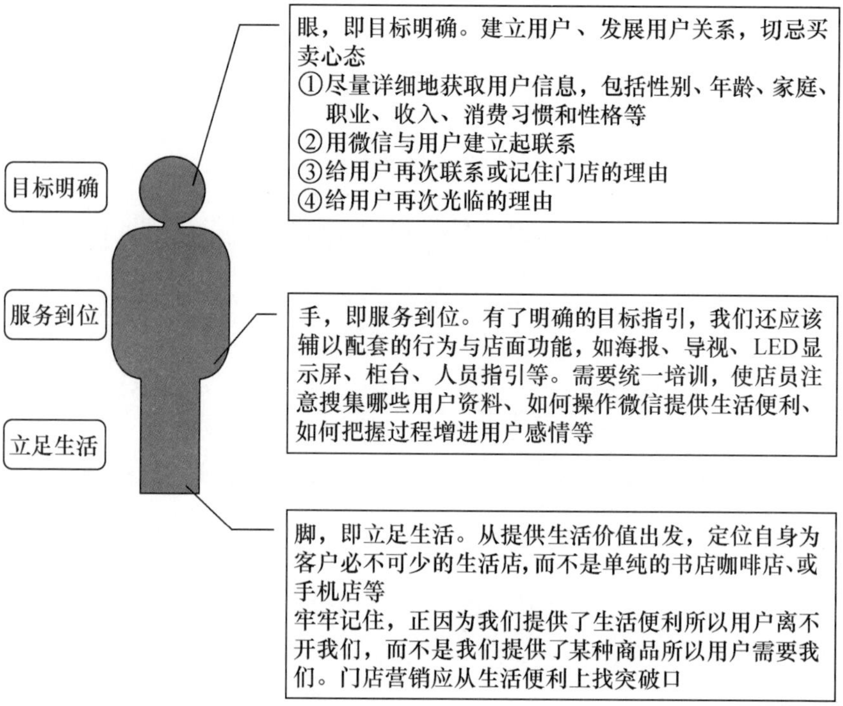

图 5-3 “活雷锋精神”做门店营销活动示意

可能还会有人疑问：如果用户学会了自己使用微信为手机充值，不再需要门店了，怎么办？我们在上图中讲过，利用微信做门店营销活动的一个重要目的是获取用户的微信并加为粉丝。不管用户之后如何操作，我们与用户的联系与用户对我们的好感不会变，即使用户不再需要门店服务，我们仍可以与之保持很好的关系，并可借此不断为用户提供其他产品与服务。这也正是区别于传统营销模式的体验营销的魅力所在。

5.3　滴滴出行

“滴滴出行”作为在微信“钱包”中的功能之一，也很值得门店利用，如何利用？可以增加替用户叫车的服务。

目前一般只有酒店、饭店提供这种服务，普通门店如何利用微信这项功能进行“活雷锋”式的营销呢？首先我们来了解一下基本功能。

进入微信后，点击最右下角的“我”选项，找到“钱包”选项单击进入，进入后我们会看到“滴滴出行”功能键，点击进入。进入后会询问用户是否允许使用地理信息，点击“允许”后，微信会出现以下界面。

我们看到在起点与终点的下面有快车、出租车、转车与代驾 4 个基本选项，同时显示费用，门店可以根据用户的不同需求选择。填写完起点与终点后，点击最下方“叫车”按钮，会弹出一个界面，让用户填写手机号，输入手机号及发送到手机号上的二维码后，微信即自动完成下单过程，会有接单司机与用户联系并到店接人。

司机接到用户到达指定目的地后，用户可以选择微信或者现金支付费用。

这是基本操作过程，下面我们来具体分析它在门店的营销过程中所起的作用。

中国电信
下午9:31
81%
我
钱包
微信安全支付
转账
手机充值
理财通
Q币充值
生活缴费
城市服务
信用卡还款
微信红包
AA收款
腾讯公益
第三方服务
滴滴出行
火车票机票
酒店
美丽说
京东精选
电影演出赛事

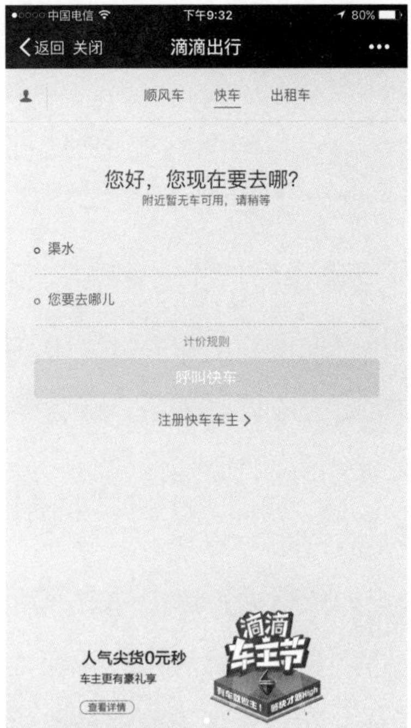
中国电信
下午9:32
80%
返回 关闭
滴滴出行
顺风车
快车
出租车
您好，您现在要去哪?
附近暂无车可用，请稍等
渠水
您要去哪儿
计价规则
呼叫快车
注册快车车主
人气尖货0元秒
车主更有豪礼享
查看详情
滴滴
车主节

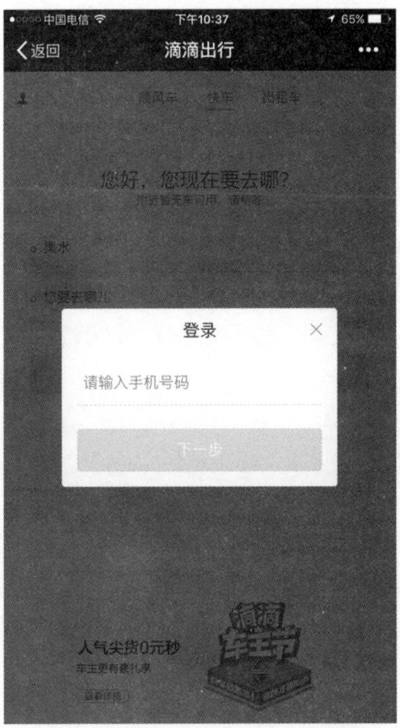
中国电信
下午10:37
65%
返回
滴滴出行
您好，您现在要去哪?
登录
请输入手机号码
下一步
人气尖货0元秒

首先说，此功能适合什么类型的实体零售门店呢？答案是所有类型都可以，别忘了，我们的主导思维是“活雷锋精神”，我们关注的是用户生活便利，而非自身经营的服务、产品与行业。

比如，居民小区里的小卖部、超市可不可以？非常适合！小区居民在出行用车时一般都有一个感受，出小区叫出租车太麻烦，而拎着行李出门打车又太累，如果小区中人人熟悉的小卖部提供叫车功能，有需求的人踏平门槛也有可能。为用户提供了这项生活便利，用户会不感激吗？会不经常光顾吗？在等车中会不顺便购买其他商品吗？

接下来的问题是针对谁使用这项功能。有人有疑问，现在都会用微信，都会用滴滴打车，而且基本上每家也都有车，店里提供这样的功能，哪有市场呢？实际上这个问题不必担心，正如不是每个人都有私家车一样，也不是每个人都会使用微信叫专车，而且这个比例还相当可观。中国的现状是几乎人手一部智能手机，但熟练使用智能应用与移动互联网进行便利生活的人却没有那么多。

所以门店根本不必担心市场的问题，但是要注意一个问题，叫车时用户可能会怀疑是否是门店私下联系的“黑车”，这一点门店在做宣传或者使用此功能时要与用户解释清楚。此时可以将“滴滴出行”本身显示的价格展示给用户，打消用户的顾虑。

我们建议，所有实体零售店都可以为自己增加此项功能，特别是在机场、医院、学校、车站、酒店、旅游景点附近等叫车概率大的门店，以及居民小区内的各类型门店，原因有以下

3 点。

一是可以完善门店的生活服务功能，功能更多则满足面更广，自然会获取更多用户。

二是可以吸引用户的眼球，用户容易对超出其惯性思维以外的事物产生强烈好奇心，惯性思维里只认为酒店有叫车服务，但是路边门店也可以叫车，用户会产生好奇，进而增加门店的关注度、进店人数、与用户交流沟通的机会等。

三可以增加门店的美誉度、知名度与忠诚度。叫车服务本身会给用户带来舒适和便捷的生活体验，当用户遇雨无法离店、行李过多行动不便、赶时间、不熟悉交通等情况时，我们替他叫一辆专车，快捷而价廉地解决问题，用户怎么会不感激我们呢？我们获得了用户的肯定与感激，还愁没有成交吗？

那么，如何具体实施叫车服务呢？如表 5-4 所示。

表 5-4　门店如何实施叫车服务

滴滴出行营销过程	方　法	获得结果
广而告之	① 物：海报、电子屏、展架、单页等一切可以展示的地方，注明功能与亮点，如"专车直达""比出租车便宜"等 ② 人：通过店员日常沟通与观察等与用户进行交流	引起用户好奇心，扩大店面知名度，吸引用户进店
下单	① 用自己手机打开微信操作，注意让用户一起观察 ② 让用户选择叫车方式，提示用户注意所需的费用 ③ 让用户输入手机号，完成沟通、叫车环节	用户手机号码、姓名、用户收入、消费水平和文化程度等信息

续表

滴滴出行营销过程	方　法	获得结果
等待	① 攀谈、交流，尽量多地掌握用户的信息 ② 在得到用户允许的前提下，帮助用户安装并使用微信，并与用户互粉 ③ 介绍店内服务与产品，促成交易	用户职业、性格、习惯、状态等信息，用户微信加粉，用户店内消费
售后	① 付账，告知用户微信支付与现金支付两种方式及优惠 ② 发票，由于用户打车信息存于店方的手机内，告知用户如需发票则提供地址，由店方负责操作邮寄给用户 ③ 返还优惠，用户如有放弃微信支付的，告知用户优惠并邀请用户回店领取或辅导其微信操作	用户地址 用户回访 用户回头 用户美誉

在这个过程中，对于门店来说可以说是“无本万利”的营销方法，只是耗费一点手机流量，不仅可以轻而易举地与用户主动沟通并建立联系（电话与微信），更可以很迅速获得店面美誉度甚至是知名度，何乐而不为呢？

如果读者仍有疑问，相信大部分集中在两点：一点是这些事情与店面的主营业务看上去并无关联；另一点是究竟会有多少人认可这些事情。

我曾经与父亲一起外出就餐，吃完饭后我用微信“滴滴出行”功能叫了一辆快车回家，父亲不仅对没出门就能叫到车感到非常惊讶，而且对比出租车优惠的资费感到非常不可思议。这些操作对追逐时尚年轻人来说可能不算什么，但是中老年人还不能适应移动互联网带来的生活变革，因此我们不仅要做，还要提前做，在人们还没有完全掌握智能手机及移动互联网的新技术以前做。

之所以推荐门店利用微信直接服务于用户却不推荐辅导用户具体操作，是因为人的本性使然，人都有惰性，特别是对于接纳新事物比较慢的中老年人来说，本身即对新技术不灵敏，对于他们来说，解决其实际问题远比向其展现惊人的先进技术更能吸引和打动他。

我们举一个最简单的例子，门店即便教会了一位老年人如何用微信叫车，可是他看不清手机屏幕，也不会用拼音打字，怎么办？所以我们建议采用一站式帮助用户解决问题的方法，不要在过程中浪费太多的精力。

这就涉及下一个问题，读者会发现我们探讨了这么多，并未与门店的主营业务有什么联系，那么，我们做一些与门店业务并不相干的事，看上去费力不讨好，究竟意义何在呢？

看上去没有联系，其实联系是紧密的。首先，这些功能操作起来非常快捷、高效，并不占用门店太多的资源，甚至不占资源；其次，用它能为我们带来进店量、用户信赖及回头率，门店经营的命脉，不就在这些方面吗？

不管是何种类型的实体零售店，我们都建议：尽快转变思维，彻底摒弃“书店就是卖书的”“服装店就是卖衣服的”的狭隘思维，借助微信、智能手机、移动互联网，我们几乎可以零成本地把店面改造为手机营业厅、酒店、银行、超市和车票的代售点等，有这样一个全方位综合解决用户日常所需一切的店面，我们还会愁经营问题吗？

5.4　生活缴费

在“我—我的钱包”页面中，有“生活缴费”选项，单击进入之后，我们看到什么？

你会不会觉得眼前一亮？这个功能太强大了，它与居民的生活息息相关。2015 年 7 月，“生活缴费” 正式上线，从此居民足不出户即可微信缴费，彻底省去了到不同营业厅、银行的交通与排队的时间与金钱。

然而这么大的利好，我们有多少人熟悉并已经实际运用了呢？我们不妨了解一下自己周围的朋友、同事，很多家庭还未用此功能缴过费。

据工业和信息化部公布的数据，该功能目前已覆盖 27 个省 183 个城市的约 5 亿居民。与传统到营业厅的缴费方式相比，微信“生活缴费”可以为用户人均节省 15 ～ 60 分钟的时间。

得知此消息后居民会大量使用微信缴费吗？没有，行为惯性是人们最难改变的，特别是还有相当一部分人没有利用智能设备改变生活的意识。

这对实体零售店来说，又是一个绝佳的营销机会。

我们又不费一枪一弹地转移了水电缴费营业厅的用户，对于每一户底商、居民小区周边的门店来说，这等于提供了一个巨大的吸引客流和发展用户的营销机会。

目前，“生活缴费”的项目有“水”“电”“煤”“宽带”“固话”“违章”“电视”7 项功能，而且还在持续开发。就一般居民日常生活必需的水、电、煤来说，门店进行营销活动应从以下两个步骤开展，如图 5-4 所示。

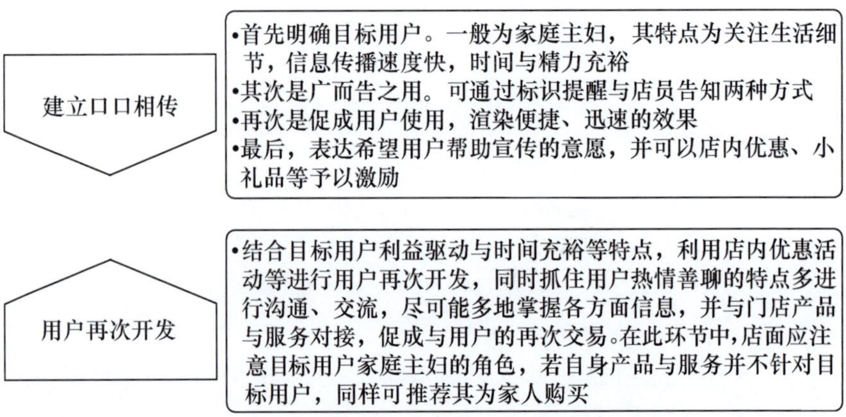

图 5-4　门店提供“生活缴费”服务的两个步骤

对于缴费方式问题，利用微信“生活缴费”功能只支持微信绑定银行卡的缴费，如果用户自己会使用微信缴费，也就不必到门店。

所以如果门店提供此项服务，为节省时间、提高效率，门店可统一使用自身银行卡，用户缴费后，支付现金即可。

应用“生活缴费”功能做营销对于居民区附近的实体门店来说是得天独厚的，因为难免有对真实性存疑的用户，此时我们告知用户，门店不会凭空消失，用户如果回家查看后水电费用并无补充，门店可负责任。

可能有门店总会觉得这是在“忽悠”用户，利用用户对微信功能的无知。我们说，门店使用微信的功能设计营销活动，第一确实可以帮助用户，第二并没有收取用户额外的费用，何谈“忽悠”呢？

我们的目的是聚人气，有人流量的保障才会有门店经营的一切基础，为什么选择微信：**一是因为微信的使用者最为普遍；二是因为微信强大的智能生活整合功能；三是使用微信的成本极其微小。**

我们利用微信提供“生活缴费”功能并吸引用户进店使用这项功能，也确实为用户解决了问题、提供了方便。如果用户询问缴费方法，门店不应有所隐瞒，并在时间与精力允许的情况下，辅导用户学会使用。记住，我们的目的是聚人，隐瞒方法会令用户丧失信任，而辅导用户则会得到用户的感激与信任。

那么问题来了，当越来越多的人会使用微信的各种功能，我们还有没有用微信功能设计营销的必要呢？随着移动互联网及智能机的普及，这种情况无法避免，正因为如此，门店应该抓紧时间抢占先机，谁实践得越早，谁就会获取更多的用户，谁的日子就会好过。

对于“生活缴费”这项功能，还有最后一个小问题。

如果上门缴费的用户过多，出现需要排队等情况，不仅用户容易不满也会影响门店的正常营业，怎么办？门店可以请用户登记电话、缴费事项、编号、金额等事项，客流高峰过后由店员操作并与其沟通，这样一来又是一个得到用户联系方式的好方法。

5.5 电影票

再来看微信“钱包”里的另一项功能——电影票。

单击进入后，我们可以看到基本的界面安排与功能选项，目前有电影票与演出赛事的门票两个大项可选，门店都可以加以利用，当然，对于大部分普通用户来说，电影票应该是最常应用的选择。

就“电影票”来说，界面下方有“首页”“影院”“周边”“我的”4 个选项且首页面默认显示“上映”选项下的内容。其中“首页”与“影院”都是直接购买电影票的选项，区别是“首页”按正在上映与即将上映的电影显示顺序供用户选择，而“影院”按定位用户位置后由近及远的影院顺序显示以供用户选择。

这样，我们既可以按照电影选择，也可以按照影院选择。对于实体门店来说，建议按“影院”选择，因为实体店面有自己的辐射范围。试想，如果门店提供购买电影票服务，到店购买的用户中，有多少人会有兴趣到距离自己很远的影院观影呢？

由于一般实体门店的辐射范围在 3 公里左右，因此门店最好选择此范围内的影院展示给用户并让用户选择，当然，如果门店可以提前了解每家影院的实际环境、服务设施、观影效果等，从而能够为用户提供有效的建议。

选择目标影院、单击进入之后，在最上面选择要看的电影，下方即会显示今天及之后几天内的排片时间、地点与对应的票价，在票价处可以看到优惠提示。选择合适的时间、放映厅与价格之后，点击进入，即可在线选择座位。

注意，在线选座的功能是门店利用微信“电影票”功能做营销时可以利用的卖点与噱头。如果门店在店外海报上注明店内即可选择观影座位，可以引起不少用户的好奇心与兴趣，因为大家目前还只习惯于到电影院现场选座，在路边随便一家小店也可以选座，对他们来说一定是一种新奇的体验，并愿意主动进店“试一试”。

座位选择完毕后，会出现要求填写手机号码与支付费用的界面。费用支付方式为微信支付，需要用户微信绑定银行卡，开通微信支付功能。

实际操作中，门店仍旧可以同“生活缴费”的操作方式，采取统一银行卡支付，直接收取用户现金的方式。而微信要求填写手机号码的功用，正好可以被门店利用来获取用户联系方式，以方便做注重用户长久关系的体验营销。

付款成功后，微信会下发兑换码和一个二维码。用户凭码到影院自动取票机或者柜台即可取到纸质票。门店在实操中，需要向购票的用户说明，具体微信发到用户手机中的兑换码为取票凭证，观影前到影院凭码领取实物纸票即可。

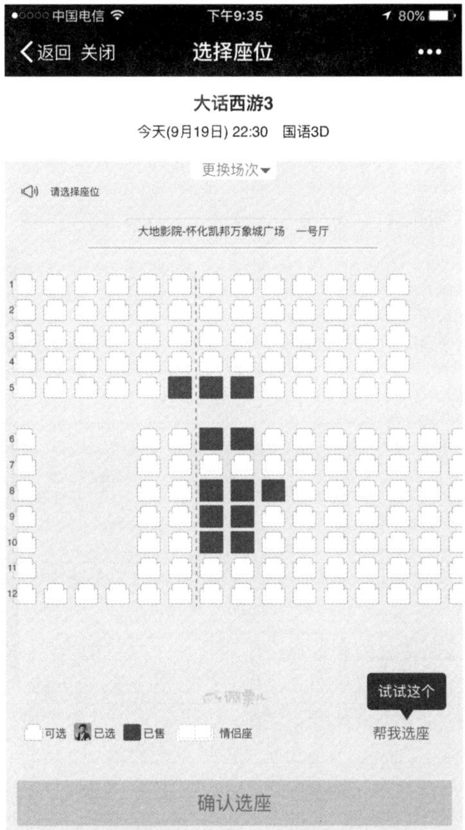

相信大部分用户对此过程不会存在异议，但是，这里也会有一个小问题，可能会有较真儿的用户索要实物的纸票，门店在处理这种情况时，应把握用户背后的真正心理诉求。一般来说，出现这种情况的用户，一是信任度不够，对门店是否真的能卖电影票存疑；二是安全感不够，总觉得要拿到实物才放心。

对此，门店可以有多种应对方法，例如，告知用户去影院的线路，让用户可以马上到影院取票验证，同时强调门店的固定性，如有问题可回店解决；门店也可以在店内贴出已经成功完成购票、观影全过程的相关兑换码、实物票据等证据，以增强可信度。

最后，在有条件时，门店还应辅导用户使用微信，并与用户互加好友。这样做是培养用户的使用习惯，引导用户把登微信、关注门店当作每天的习惯，才是我们的最终目的。

在利用微信“电影票”做营销活动时，还应注意 5 个小技巧，如图 5-5 所示。

1. 利用购票功能与门店自身主营业务的反差吸引用户，如小吃店卖电影票
2. 利用可选座功能的利益点吸引用户，如不必排队、不必提前到影院等
3. 利用电影的热议话题吸引用户，如告知店内售最近热议的一部电影的首映票、放映票
4. 利用比影院买票便宜的利益点吸引用户，一是借助微信优惠，二是借助其中的团购功能
5. 根据不同时间节点设计营销主题，如情人节针对恋人设计影讯、寒暑假针对学生设计影讯

图 5-5　利用微信“电影票”做营销的注意事项

5.6　火车票机票

微信“钱包”选项中有一项十分强大的功能——火车票机票。这项功能不仅与用户的生活密切相关，而且与大部分用户的生活密切相关，因为大部分中国人谁都离不开购票，特别是在节假日期间。

这对于门店来说，是开展营销活动、吸引用户进店并发展用户

的大好机会。

我们打开微信“钱包”的“火车票机票”功能，看到基本界面如下。

可以看到最基本也是最主要的三项功能即购买火车票、飞机票和汽车票，另外在界面下方，还可以看到诸如“景点门票”“周边游”“国内游”等其他与出行、住宿、旅游相关的功能。

点击进入各个功能后，可以粗略看到各自的服务内容。

中国电信
下午9:38
79%
返回 关闭
景点门票
领5元卡券
长按关注
广告
洪江古商城
¥98起 门市价¥120
卡券立减5元
233条评论 99%满意
通道万佛山侗寨
¥90起 门市价¥100
卡券立减5元
38条评论 92%满意
黔阳古城芙蓉楼
¥62起 门市价¥70
卡券立减5元
94条评论 98%满意
4A景点
查看更多活动景点
景点门票
特惠专区
门票订单

中国电信
下午9:39
79%
返回
周边游首页
全国
搜一下，带你玩转周边
上海 香港 迪士尼乐园
玩转国庆假期 开启梦幻之旅
广告
城市深度游
自然风光
亲子
古镇
主题乐园
名胜古迹
游山玩水
更多
周边游价到
优惠享不停
买保险 送大奖
送惊喜
同程亲子游
认识世界
快乐童
周边精选
周边游价到
精品福利放送

中国电信
下午9:41
79%
返回 关闭
周边游定制列表页
【国庆预售】住张家界柏维风格酒店，自选天门山
张家界
酒店特色
位于张家界市鼎泰路阳光水岸——神奇的天门山脚下
景点特色
天门山宛然张家界的天然画屏，成为张家界代表性的自然景观之一
¥648 起/份
查看详情
【国庆预售】住张家界碧桂园凤凰酒店，自选张家界天门山or武陵源景区
张家界

对此，我们可以立即按“活雷锋精神”勾勒出对门店来说行之有效的营销活动框架，如表 5-5 所示。

表 5-5　火车票机票功能的卖点

项目 功能	功能特点	针对目标用户	适用门店地点
火车票、飞机票、汽车票	出行必备、方便出行	所有用户	住宅区、学校、工地、写字楼等各类型人群聚集区附近门店
酒店	比价、方便、搜寻、提前了解环境、对比	旅游者、出行者、出差者等相关需求用户	酒店周围各类型实体零售门店、旅游区周边门店
旅游、景点（门票）	折扣、景点介绍	所有用户，特别是中老年人、学生群体	景区、旅游区、居民区、学校等目标群体聚集区域

从上表中我们可以很清晰地初步规划各个功能的微信营销方案，根据各个功能提供的日常生活便利的卖点，找准目标用户，进而通过店面宣传与服务吸引用户并获取用户，如图 5-6 所示。

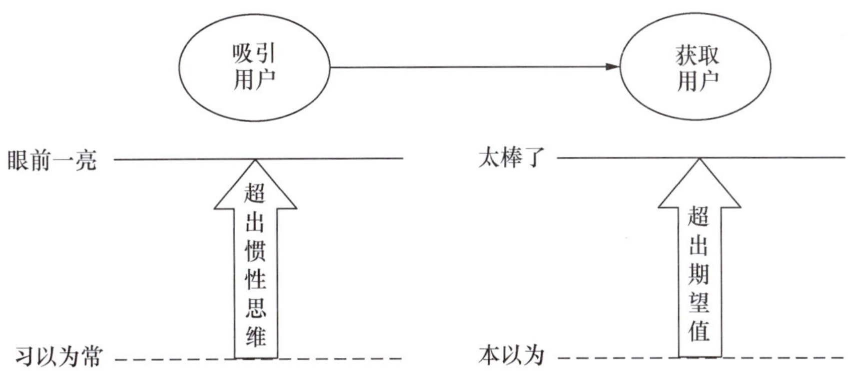

图 5-6　“活雷锋精神”组织微信营销示意图

吸引用户的本质是超出用户惯性思维的服务功能。例如，许多人买火车票仍习惯到专门的代售点，如果门店利用微信即能实现此功能，对用户来说一定是新奇的体验。试想如果一家洗衣店挂一张广告牌可以代售火车票和飞机票，怎会不引起路人的好奇进而引发其进店一探究竟的欲望呢？

发展用户的本质是超出用户期望值的服务内容。比如以往人们买火车票时要到专门的代售点，不能就近不说，往往还需要排队，如此一来会耽误购票的时机。如果门店在用户住处附近而且能方便快捷地帮助其完成购票，用户一定会感激门店，对于门店来说，也就意味着获取了用户的赞誉与忠诚度。

门店可以依据上表给出的“火车票机票”主要的三项功能的特点，或者说卖点来组织相关营销活动。如“门票”功能，门店可以利用低价与不必去公园购买两项特点，完成吸引用户并获取用户的全过程。

营销活动策划完成后就是实施环节，实施环节可以分为 3 个基本步骤，如图 5-7 所示。

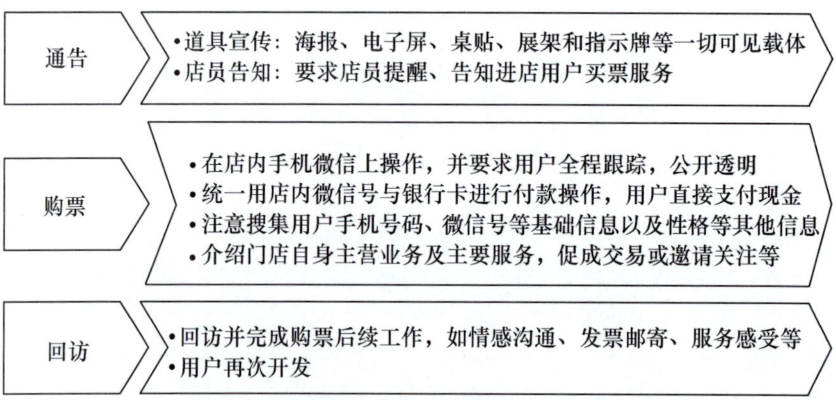

图 5-7　火车票机票功能营销活动的实施步骤

在整个购票过程中，最后环节仍存在我们在“电影票”功能中探讨的一个问题，即可能有一部分用户对此服务持怀疑态度，我们仍旧可以沿用与“电影票”功能相同的处理办法，除此之外，还可以借助微信本身打消用户的顾虑。

无论是购买火车票还是电影门票，微信都提供了卖方正规的购票、取票、退票等说明，在说明中不仅有详细的官方解释，还有客服电话供用户咨询。实体门店如果遇到用户质疑的情形时，可以充分利用这一点帮助用户打消顾虑。

还有一点需要注意，因为面对的用户群体巨大、买票需求量也很大，特别是节假日前后，门店提供购票服务有可能会导致进店量猛增，然而用户往往只为买票而来，这样一来不仅增加门店负担，而且容易“赔本赚吆喝”，因为购票功能并不能为我们带来利润。

在这种情况下，门店可以有多种方法予以应对。

一是尽量引导用户自己使用微信进行购票操作，但要注意与用户的微信互粉，并保持一定频率的沟通。

二是在用户首次到店体验购票服务时，引导用户关注门店的主营业务，让用户了解门店的定位和服务等信息，避免给用户留下门店就是“卖票的”的印象。

三是引导用户电话或者微信预定，不必排队与登门，直接通过电话、微信等方式告知购票信息，从而防止登门购票用户过多影响正常营业。

四是收取一定费用，代售点每张票加收 5 元手续费，门店也可以酌情收取，但与代售点相比具有优势即可，要么是收费低的优势，要么是距离近的优势，门店可以根据实际情况酌情设计。

5.7 收钱

本来在微信“钱包”中“面对面收钱”功能，在微信 6.0 版本之后，被提升至微信“+”功能的一级菜单下，并单独命名为“收付款”，这不仅体现了微信对此功能的重视，也体现出此功能在实际应用中的重要程度。

打开微信，单击最右上角“+”键，会显示“发起群聊”等4项功能，第4项即为“收付款”功能。单击进入“我要收款”后，会显示一个微信为用户生成的二维码，二维码上方注明“无需加好友，扫二维码向我付钱”字样。

我们使用微信的一般功能时，比如，话费充值、购买火车票、生活缴费、购物等，都是向相关商家缴费，而此功能的应用点在于，微信为本机账号生成二维码，让其他用户为我们缴费。

此项功能对于实体门店来说，又是一项可以好好利用来开发用户的功能。其利用点正在用户必须通过二维码进行缴费上。

之前我们在探讨二维码时，已经确定了一个微信营销的使用原则，即利用一切手段加粉。结合微信的“收付款”功能，我们是否觉得，这正是利用二维码营销的好机会呢?

“付款”功能本身具有一定的利用价值，因其方便快捷，节省时间，可以为门店提升的经营效率。而对于到店的用户来说，也可以省去排队、找零、忘带钱包和现金没带足等麻烦，可以提升门店成交率、用户满意度等。

应用微信“收钱”功能做门店的营销活动，关键点并不在“收钱”上，而在“扫码”上。依据注重与用户关系与感情体验的营销原则与培养用户使用微信的习惯的原则，收钱作为结账方式，在营销上并无太多发挥空间，而“扫码”则有很多细节可挖。

我们将主要从扫什么、如何扫、扫码后三个方面进行探讨，如图5-8所示。

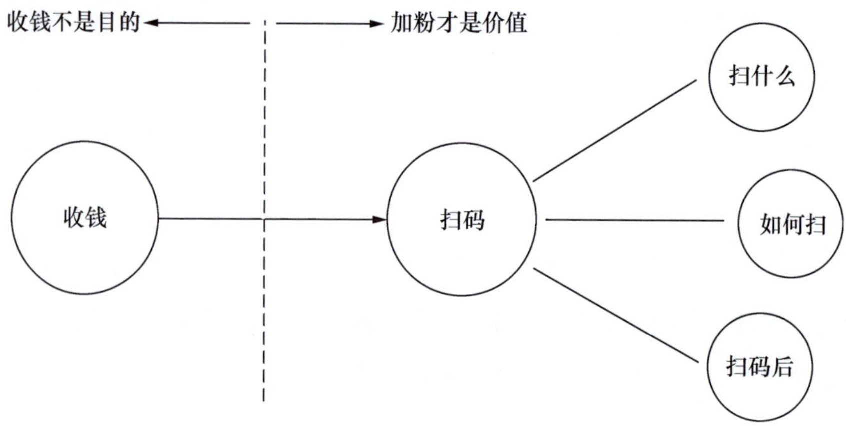

图 5-8　收钱功能中“扫码”的作用

5.7.1　扫什么

用户要么为门店经营的产品并付钱，要么为门店的服务付钱，总之，门店制作让用户付钱的二维码，无非是以自身的产品和服务为载体。

产品好理解，因为是实物，服务也可以吗？当然可以，比如理发店等无实物销售的服务型门店，更便于应用“收钱”服务，因为服务类型也属于商品的一种，用户消费了哪种服务，直接付款就可以。

对于主营实物产品的门店，可以按品类或价格将产品分类陈列，以便于扫码收钱，如超市等类型门店宜按品类陈列和展示收费二维码，如毛绒玩具杂货店、文具店等品类较少的门店，则适合按价格陈列并展示收费二维码。

对于服务类型的门店，可以按服务类型或服务组合设计收费二维码，门店可以将自身服务种类一一罗列，最好不超过 20 种，若服务种类繁多，会给用户扫码或者店员引导时带来寻找不便的问题。

5.7.2　如何扫

在此环节，门店需要做好三部分工作，我们将与大家一起探讨每部分如何操作，如图 5-9 所示。

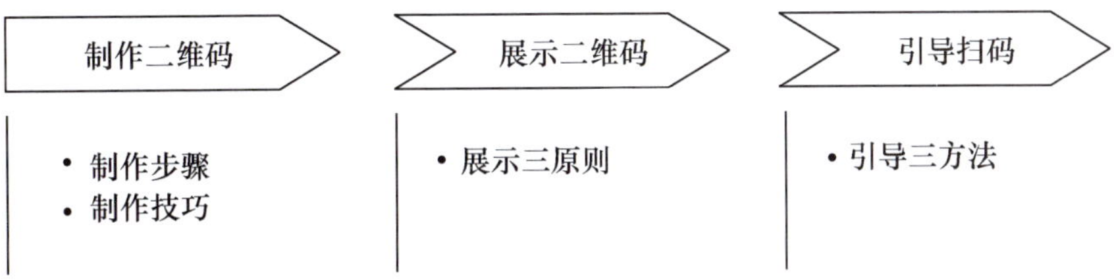

图 5-9　微信“收款”二维码如何扫工作步骤示意

首先，门店当然要制作产品或服务的付费二维码，打开微信“我要收款”功能后，点击最右上角“设置金额”，即进入设置页面，在此页面，我们可以设置收费的金额与收钱说明。

设置完成后，单击“确定”按钮，微信则自动生成“收钱”的二维码，对用户来说即付费二维码。长按二维码即跳出功能键“保存二维码到手机”，点击此键后即可保存二维码，以便于打印、张贴等后续工作。

“添加收钱备注”处门店不可忽略，应该利用一切可以利用的机会在塑造门店品牌、美誉度及用户体验上做文章。此处可以写什么？表示谢意、邀请关注、门店经营宗旨、品牌内涵、宣传口号和广告语等有利于增强用户体验好感和门店品牌力的话语，以及购买特殊说明等，都可以写，注意不要太过烦琐，尽量让用户一目了然。

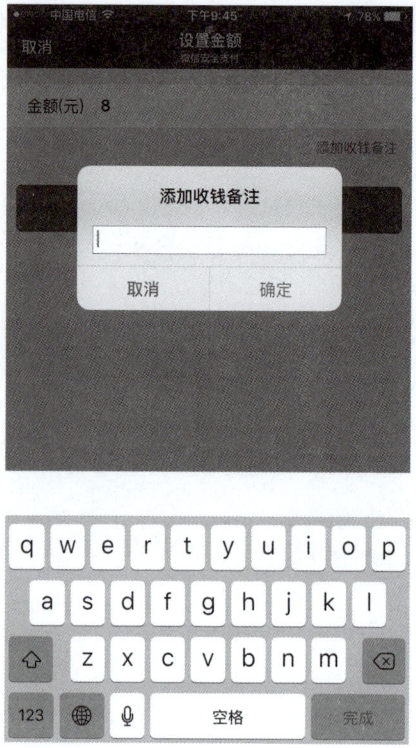

二维码制作完成后，门店需要展示出来。无论在菜单、服务选单还是产品上，无论以电子形式还是实物形式，无论是粘贴还是悬挂，展示付费二维码的原则是清晰、醒目、方便操作，即对于用户来说，要能看到、能扫到、能扫出，如表 5-6 所示。

表 5-6　微信“收钱”二维码展示原则表

用　户	门　店
眼，能看到	二维码张贴醒目、直观
手，能扫到	方便用户手机扫描，勿太高、太低、太远等
手机，能扫出	清晰、有效

最后，门店需要尽量引导用户扫码付费，我们基本有 3 种方法

可以使用，如表 5-7 所示。

表 5-7　引导用户扫码付费的 3 种方法

引导用户扫码付费的方法	具体操作
人员话语引导	通过人员介绍扫码付费的便捷与好处引导用户用微信扫码付费，一般与利益优惠结合。另外在特定时机推荐也会收到比较好的效果，如结账排队、找零困难、用户现金不够、钱包忘带等结账环节出现状况的时候
产品拟人引导	即让产品自身说话，结合产品特性用拟人化的口气感染用户，进而促成扫码，如“扫一扫，跟你回家”“扫一扫，我就跟你走”“扫一扫，抱一抱”等。当然，应用此方法需要结合产品自身特性、卖点等，找到动人之处
利益优惠引导	最常使用、也是最有效的方法，即对通过扫码结账的用户给予打折、返券等优惠，通过实实在在的利益引导用户扫码付费。在实际操作中，门店可以将产品和服务的两个价签放到一起，一是正常售价，二是扫二维码售价，以此给用户直观的比较，促成用户扫码付费

5.7.3　扫码后

我们说，付费不是目的，加粉才是价值。在微信“扫码”营销设置的最后环节，门店还应走好最后一步，否则，前面的工作将毫无意义。

最后一步主要应做好两方面工作，**一是加粉，二是回访。**

其中加粉分为两部分：首先，加店员或者门店指定的付款专用微信账号，这是很自然的，因为在用户扫码之后，门店一方的微信自然会显示扫码用户的微信号，此时立即单击加为好友，绝大部分的用户应该不会拒绝。

而接下来的动作却经常容易被门店忽略，那就是用门店公众号继续加用户好友。这样后期门店若有广告、促销等活动需要告知用户，利用公众号传播要比个人账号好得多，个人账号之间的沟通应尽量避免广告和促销内容，否则容易给用户造成被骚扰的感觉。

加粉之后，门店仍需注意回访沟通，回访具体事宜如表 5-8 所示。

表 5-8　微信“收钱”营销活动回访工作表

回访类型	内　容	时　间	微信号
购买回访	使用问题、使用建议、满意度、购买习惯等	购买后3～10日内	个人账号
促销回访	促销通知、优惠通知、活动通知等	活动开始之前3～5日	公众号、个人账号
调查回访	满意度调查、消费需求调查等	年度、半年度、季度	公众号、个人账号
感情回访	节日问候、生日问候、日常问候等	节假日、生日、气候变化	个人账号

在利用微信“收钱”功能做营销活动的最后，门店仍需注意一个问题，就是付款的问题。之前的“滴滴出行”“电影票”“火车票机票”等功能用户都可以用现金向门店支付，但在使用“收钱”功能时，必须用微信支付。

这就涉及微信使用、银行卡绑定、卡号填写、支付密码设置等一系列使用问题。之前如果用户不愿意学习微信使用和支付，门店还可以直接收取现金，而此时门店若坚持辅导用户在店内完成下载、申请、开通和使用等一系列动作，耽误时间不说，还有可能会引起用户在安全问题上的警觉。

并且，由于环节较多，变数加大，门店很可能无法成功完成，比如，用户不记得银行卡卡号，也没带钱包，那么门店精心设计的营销活动容易功亏一篑、前功尽弃。

那么，在使用微信“收钱”功能做营销活动时，如果遇到不会使用微信或者微信未开通支付功能的用户，门店该怎么处理呢？应该注意把握 3 个原则，如图 5-10 所示。

① 培养使用习惯原则。能辅导用户使用尽量辅导用户学会全程使用微信及付款功能

② 结果导向原则。对于不会使用微信又不配合全程辅导的用户，由店员代替用户完成下载、注册、支付等一系列动作，门店仅向客户展示最终结果及辅导关键操作即可

③ 客户第一原则。若因为用户原因或客观原因无法完成微信扫码付费，门店至少应引导客户加微信好友，并按扫码优惠价格等与客户完成交易。

图 5-10　门店在使用“收钱”功能时处理微信未开通问题时的 3 个原则

第 6 章

互联网思维落地

6.1　为什么要具备互联网思维

从 1994 年至今，互联网飞速、全面、深刻地改变着中国人的生活方式，而互联网产业也经历了泡沫破裂、洗牌重组等一系列过程。

2015 年 3 月，十二届全国人大三次会议，首次提出“互联网 +”行动计划；2015 年 10 月，中国共产党第十八届中央委员会第五次全体会议确立了网络强国战略、实施“互联网 +”行动计划、发展分享经济，实施国家大数据战略等。

互联网被提升到强国战略的高度，使其瞬间成为当前中国市场炙手可热的热点。我们对互联网都不陌生，而为什么在互联网发展的今天，中国最高决策层要重提互联网呢？

显而易见，因为互联网全面而深刻地改变了和影响着中国经济的方方面面，如图 6-1 所示。可以说，只要在身在商界，必然离不开互联网，不论是上游设计者还是下游使用者。

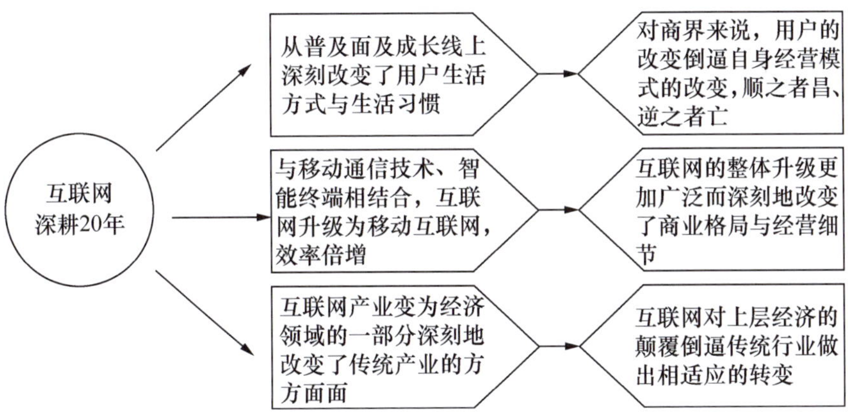

图 6-1　互联网发展 20 年对中国经济的影响

互联网界大鳄、美图秀秀董事长蔡文胜说：“未来属于那些传统产业里懂互联网的人，而不是那些懂互联网但不懂传统产业的人。”

国家最高决策层强调互联网经济，是高瞻远瞩，认清了大势所趋并顺势而为，而千千万万实体零售门店在互联网大潮的冲击下也感到了日子的艰难。基于此，广大门店必须了解并具备一定的互联网思维，这也是我们想与大家探讨的原因。

6.2 具备真正互联网思维的基本点——彻底去除伪“用户中心”思维

互联网对零售实体门店的冲击是最直接也是最明显的。在淘宝、京东等电商的冲击下，很多门店老板慌了神：实体门店还有存在的必要吗？实体门店还能够赚到钱吗？

这就需要我们具备互联网思维的核心即先决思维——用户思维。

什么叫用户思维？老生常谈，几乎每个人都知道：以用户为中心。但是，并不是每个人都能深刻理解它的真谛，我们与大家梳理一遍，希望从今往后，只要看过这本书的人，能够彻底地理解用户思维。

首先我们回顾一下刚才说到的，实体门店慌了神，为什么慌神？是不是因为用户都去淘宝、京东购物了，不到店内消费了？注意，这句话可以有两个着重点，一个是“用户”；另一个是“消费”。

那么问题出现了，门店可以自我测试一下，你的着重点是在“用户”上还是在“消费”上呢？

相信绝大多数门店的着重点在“消费”上，即门店真正关心的是用户是否来消费，而不是谁来消费。

其实大多数门店甚至不知道自己的用户是谁。

这算什么“以用户为中心”呢？

也就是说，我们其实根本没有理解以“用户为中心”的本质思维，还在沿袭着传统商业模式下的买卖思维。

我们即便关注了用户，本质上其实还是关注如何卖给用户产品。

互联网思维下的“以用户为中心”是什么样的？首先，我们必须要明白，互联网时代的商业大背景是什么，与传统时期的区别在哪里？如表 6-1 所示。

表 6-1　传统时期与互联网时期商业环境比较

<table>
<tr><th colspan="2"></th><th>传统时期</th><th>互联网时期</th></tr>
<tr><td colspan="2">产品</td><td>匮乏</td><td>极其丰富、同质化严重</td></tr>
<tr><td colspan="2">市场</td><td>卖方市场、不饱和</td><td>买方市场、饱和</td></tr>
<tr><td rowspan="2">用户</td><td>购买动机</td><td>刚需</td><td>情感因素</td></tr>
<tr><td>购买行为</td><td>价格敏感度高</td><td>价格敏感度低</td></tr>
</table>

相信门店对这样的一个变化有目共睹，那么我们不妨问自己一个问题，既然产品极其丰富而且同质化严重，用户对价格的敏感度又有所降低，那么用户凭什么到你的店内消费而不到其他门店消费？

有人说用户去淘宝不就是图便宜吗？可商场上还有句话“一分价钱一分货”，我们其实都知道淘宝上的同类产品价格并不低。

有人还会说，很多用户也到店里购物，但他们大多数都是选好之后再到网上购买，这个问题如何解决？

通常我会做一个假设，如果用户与门店导购或者老板相识、熟悉、成为朋友，用户还会不会看了就走，然后在网上购买呢？不会，为什么？“碍于面子”是一方面，对价格的敏感度降低也是另一方面。综合起来，倒不如说用户买的是放心、舒心、贴心，而不在乎在哪买、买的是什么。

所以，在互联网时代，传统的买卖关系发生了一个质的改变，那就是质变为朋友关系。传统用户因为需要产品而购买、买了就走；互联网时代的用户因为情感而购买产品、先尝后买，如图 6-2 所示。

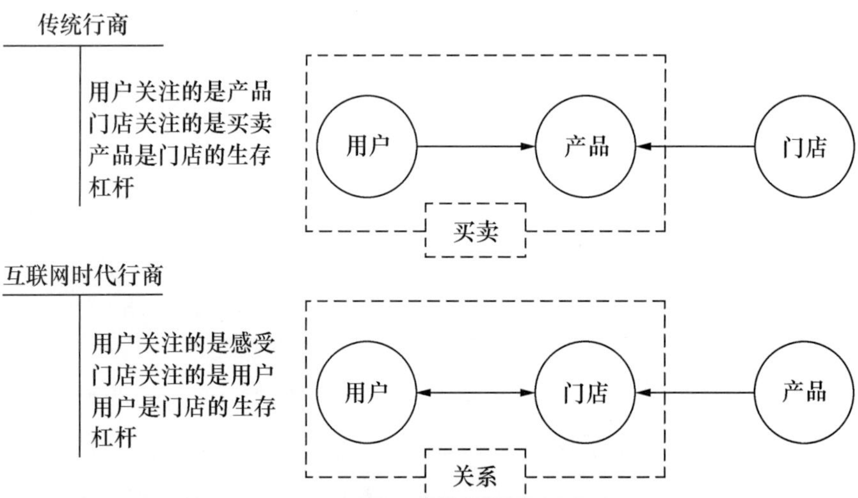

图 6-2　传统行商与互联网时代行商机制变化示意图

通过对比，我们会惊讶地发现，在互联网时代，门店卖什么已经不再重要了，用户要的是在哪买舒服，而不是买什么；而在传统的买卖时代，用户要的是买什么，而不关心在哪买到。这就是两个时代最本质的区别。

很多门店一直经营不善，与没有理解“用户中心”的本质有很大关系，用户的要求、关注点、行为习惯、情感因素等都发生了根本变化，而门店还在一个劲地“卖产品、卖服务”，卖得动吗？

相信探讨到这里，大家已经可以从根本上了解了“用户思维”的真正本质，并转变了以往的伪用户思维。我们再用一句话总结一下，以用户为中心，即不管用户买不买，只问用户开心不开心。

如此一来，门店可以杜绝当前的一些陋习，比如不欢迎不购买的用户、忽视用户的感受、不关注售后、不替用户着想等。

为了让门店更好地理解和使用“用户思维”这一互联网思维中最根本的思维，我们将其演化为“一个姿态三个思维”，如图 6-3 所示。

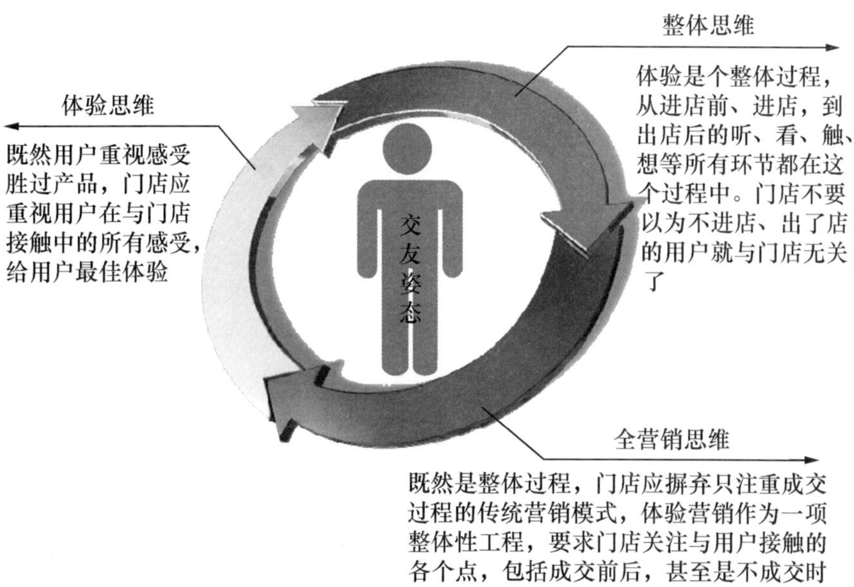

图 6-3　互联网时代的“用户思维”

在用户中心的思维下，我们关注用户本身，所以需要转变"卖东西"的传统姿态而变成"交朋友"的基本姿态。在转变姿态的前提下，同时具备体验思维、整体思维与全营销思维，这样一来，才算是具备了真正的互联网思维的基础。

接下来，门店需要在此思维的统领下，具备一些方法性的思维与概念，我们将在下一节与大家一起探讨。

6.3 互联网时代你也玩得转——具备一些互联网玩法的思维

在上一节中，我们已经帮助大家确立并梳理了互联网时代、移动互联网时代运营实体店面的基础思维——用户思维及其延伸，接下来，我们将与大家一起探讨在"用户思维"基础之上门店应该具备的硬思维。

在最基础的"用户思维"之上，我们将互联网时代实体门店经营所需的新思维呈现在三个维度之中，分别为用户、门店与互联网，如图 6-4 所示。需要提醒的是，这三个维度互相穿插、相互影响、互为作用、密不可分，只是为了让大家有更清晰的认知，我们才人为划分维度与各种思维，在实际运用中，各种思维与理念需要协同综合运用，并非只具备部分即可，也并非孤立运用。

在认识用户方面，应具备差异化思维与粉丝思维。

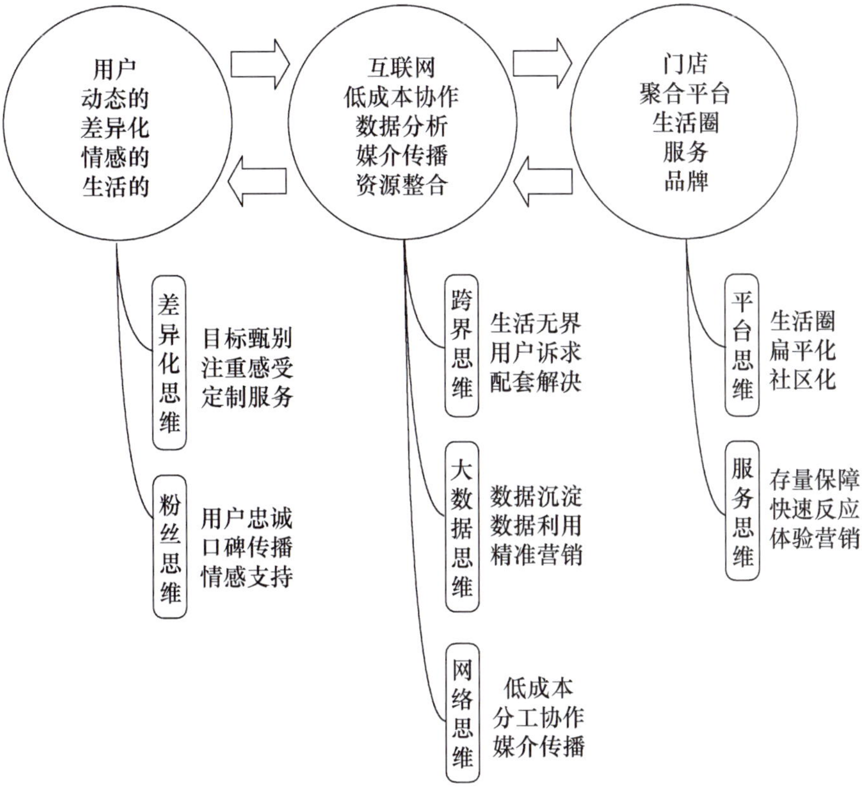

图 6-4　在“用户思维”基础上门店应具备的思维

6.3.1　差异化思维

这是个性张扬的时代，也是高度雷同的时代。说张扬是因为每个群体都有自己鲜明的特征与情感诉求，比如所谓“高富美”与“矮矬穷”、“女神”与“女汉子”等；说高度雷同是因为每个群体内表现出高度一致的趋同性与从众性特征，征服一个即征服一群。

这要求门店具备差异化思维，如图 6-5 所示，即找准你的目标用户，这其中包括两层含义。

每个人	亚马逊总裁说：我们网站上如果有一百万个用户，我们就应该有一百万个商店。对于门店来说，我们如果有一百个用户，那我们则应该有一百种服务
一类人	“人以群分”，从心理学角度来说，人们由于从众心理容易形成特征明显的一类人群。门店可以专、精、深做某一类人的生意，做到极致等于做到庞大

图 6-5　认识用户方面门店需要具备的差异化思维

差异化思维的 2 个层面的含义具体如何应用？相似性是针对门店营销来说的，门店用这种思维来吸引用户比较高效，因为相似性背后是一类人，这也是社会化营销的精髓所在。最直观的例子是微信朋友圈，因为通过一个点或人即可打通一群人。

而差异性是针对用户服务来说的，门店用这种思维来进行用户运营是比较高效的。这是体验营销的精髓所在，门店的服务细节决定用户忠诚度的高低，而用户忠诚度取决于他的内心感受，内心感受自然因人而异，反过来要求门店的服务也要因人而异。

6.3.2　粉丝思维

粉丝最早用于对娱乐圈追星族的称呼，后来逐渐扩展到对某一人物、现象、事物的追捧者的泛称。

粉丝又叫忠实拥趸，它具备三个基本特质：**一个是支持；另一个是忠诚；还有一个容易被大家忽略的是情感**。也就是说，粉丝的直白翻译并不仅仅是忠诚支持，而更是情感上的忠诚支持，这其中关键点就在情感二字上。

情感意味着没有理由，这是最可怕的。不讲理，难道还不可怕？

所以应用粉丝思维的关键点，既不在支持上也不在忠诚上，虽然这两点在门店的粉丝思维应用中也必不可少，但粉丝思维应用最核心、最本质的还是打情感牌。

粉丝思维具体应用到门店经营中时，我们提出了 3 个升级，即用户定位升级、用户角色升级以及用户关系升级，如图 6-6 所示。

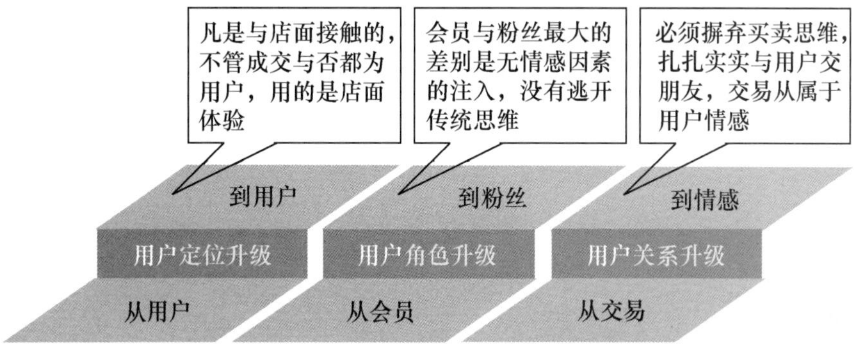

图 6-6　粉丝思维在门店经营中的 3 个升级

需要注意的是，我们在这里提出的粉丝的概念，与互联网语境下的粉丝含义并不相同。在微博、微信等互联网流行产品中，粉丝的含义是加关注的人即为粉丝，而我们提出的粉丝至少具有支持、忠诚和情感三个特质。

门店具备粉丝思维，不应流于互联网的新兴概念，而应该抓住粉丝背后的本质，从自身的一切细节找切入点与用户做更多的情感联结，建立情感基础。卖什么、提供什么将不再重要。

在认识互联网方面，门店需要具备跨界、大数据与网络思维。

6.3.3 跨界思维

我们一般理解的跨界，其含义往往是比较"高大上"的，比如阿里巴巴公司做金融、生产电视机的厂商生产手机等，巨大的行业转换与产品差异会让我们觉得这才是跨界。其实不然，我们讲传统的零售店面跨界，**一是简单易行，二是从用户角度出发。**

具体到店面应用，我们如何理解跨界呢？我们首先要换位思考一下，我们自身也是消费者，假如有这样一家店，可以解决我们的水电缴费、日常买菜、看病挂号、出行订票、汽车加油、幼儿托管、家电购买、服装购买等一系列需求，我们还会去别家店吗？

零售门店的跨界，不是要一下子改变产业格局、产品结构等，我们给其一个本质的含义解释，跨界即从用户角度跨界地解决用户需求，而不再是提供单一功能和单一产品。

我们提出的跨界思维有从门店自身、针对目标用户与针对异行业三个角度的全方位理解，包含了门店跨界从思维到方法的立体图景，如图 6-7 所示。

传统店面往往局限于自己的招牌中，这点在互联网时代必须要加以变革。什么叫局限于自己的招牌？比如开了一家饭馆就只有做饭的单一功能，开了家书店就只有卖书的单一功能。相信实体店面已经强烈感受到并遭受到了互联网电商的冲击，我们有没有反思过为什么？

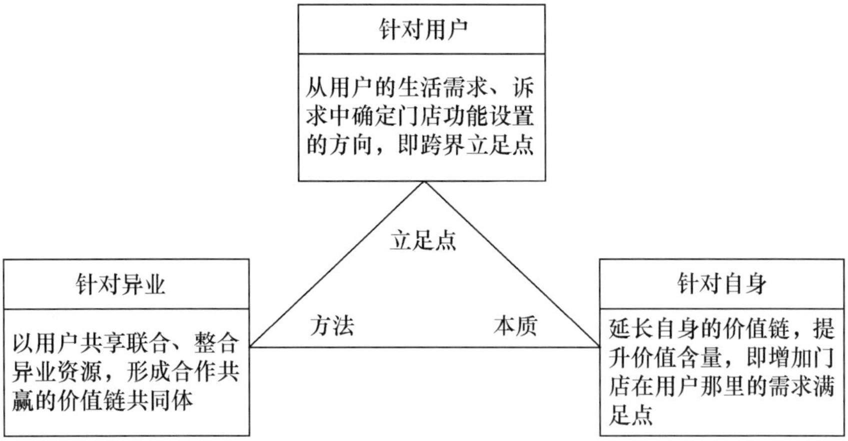

图 6-7　门店跨界的思维及方法

电商价格为什么会低？因为它不只经营单一货品，就像超市每天都可以做促销一样，它可以拿出一部分商品低价，但是不影响总体营收。也就是说，电商如果拿出其一部分的产品搞促销，很快就可以消灭掉只卖一种产品的你，不是吗？

跨界的本质是要求实体门店延长自己的价值链、多元化自己的服务点、丰富自己的用户群。我们在用户那里可以提供的价值点多了，自然就不会被轻易替代掉，也不会轻易丧失用户，因为对用户来说，他的选择多样了，自然会产生更多成交机会。

我们看到大批的书店在做改变，增加咖啡、茶饮等元素，将书店改造成聚会、小坐、休闲的空间。对用户来说可享受的价值点丰富了，也就不会被电商单一的价格低吸引了。

实体门店具备跨界思维，首先要抛弃自身的招牌概念，什么店不重要、卖什么不重要，重要的是提供给用户什么样的价值，而且是用户需要、认可和依赖的价值。

6.3.4 大数据思维

小店面也能玩大数据？很多门店会有疑问，大数据这么专业、高成本的东西，我们还是敬而远之吧。

抛开大数据，你每天在干什么？经营门店自然有现金流吧，早晨检查晚上盘点，盘点什么？营业额、销量、客流量。然后门店要什么？缺货的要补货、卖得火的要增加进货量、亏损的要采取措施、成本高了要想办法降低。

可见，没有数据，门店寸步难行。我们要将数据做大，增加数据容量，丰富数据类型，增强数据实效，最终提高数据价值。

我们说，互联网时代的本质是用户的时代，其深层含义是用户是情感的、人性的、复杂的，机械单一、买卖而已的生意时代已经一去不复返了。门店面对的是一个丰富多变的行销整体，既然多变，则需要更多的信息作为经营依据，更全面的数据有助于门店找准方向与施力点。

互联网是什么？不论是我们所谓虚幻的网络，还是基于移动互联网下的智能手机、智能穿戴设备等具体产品，都是一条条数据组成的实际物体，我们的生活正在真切地被数据改变着。

我们购物、娱乐、咨询、学习时，去哪里？首先是网络，我们要查询数据；我们出门一定要带着手机，因为手机可以帮助我们传递必需的数据。

只要细心一点便会发现，我们用百度搜索过的关键词，再打开其他网页便会随处出现与此关键词相关的广告等信息；我们经常会接到陌生商家打来的电话，而对方竟然知道我们的姓名、前几天购买过什么东西。大数据对个体消费者来说可能有些可怕，但对于商户来说，却精准地提升了其运营效率，实现了广告精准投放、目标群体精准定位以及目标需求精准掌握。

上游互联网巨头的大数据运作有强大的技术支持，但大数据不等于一定要有强大的技术支撑与庞大的数据容量。门店具备大数据思维，具体体现在以下三个方面，如图 6-8 所示。

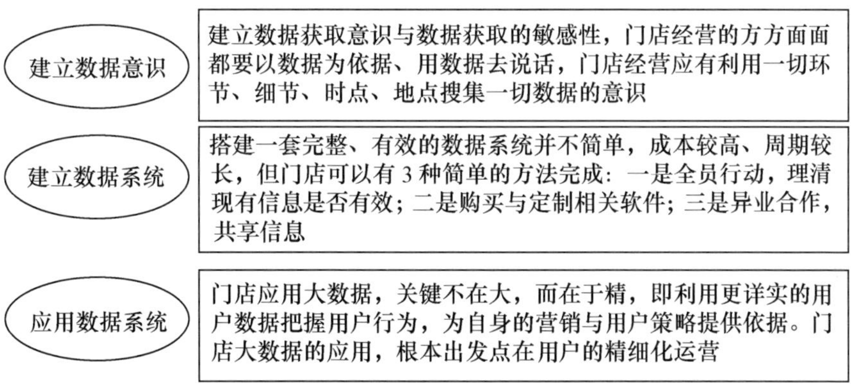

图 6-8　门店如何具备大数据思维

大数据思维的关键，不在于搜集多么庞大的数据，而是通过尽可能多的数据完整描绘用户并准确判断其行为。

大数据应用的关键，也不在于知道更多的信息，而在于利用现有信息迅速而准确地指导门店行为。用户未动而门店先行，掌握先机、获得忠诚、提高效率、节省成本。

总之，大数据思维也要建立在用户思维的基础上，从用户出发决定门店策略，最终返还给用户其需要的价值，大数据只是作为这个环节中的工具，帮助门店最终实现差异化用户的精准营销而已。

6.3.5 网络思维

有人会说，我们处在网络时代当然要具备网络思维了。没错，但这只是网络思维的最初级阶段，在互联网时代具备网络思维，至少应具备三个维度。

互联网产生后，对人类的生活产生了根本性影响，什么叫根本性？即对用户、商家、用户与用户、商家与商家之间都造成了不同于传统行为模式的彻底改变，如图 6-9 所示。

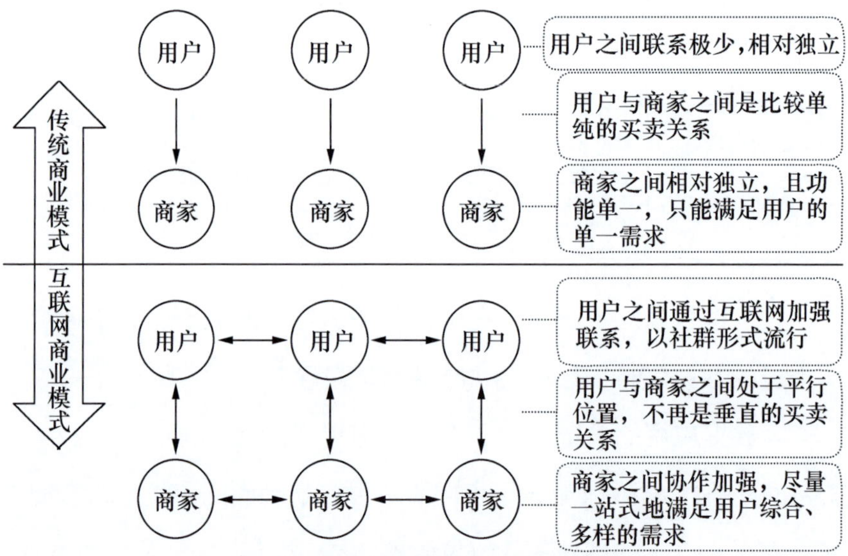

图 6-9　互联网商业模式与传统商业模式

做实体店的往往不喜欢互联网，因为其虚拟性，也因为我们不愿放弃传统，但是，互联网已经深刻地改变了用户的生活、思维及行为模式，这是不争的事实。并且，随着用户的改变，整个商业生态与环境都要相应地做出调整。

由上图我们可以清晰地看出，互联网对用户、商家、用户与商家的链路上均产生了本质影响，门店要适应这种变化具备匹配的网络思维，我们针对这用户与商家的 3 个方面进行具体说明，如表 6-2 所示。

表 6-2　互联网对用户、商家和链路产生的影响

互联网的影响		解释	商家该具备的网络思维
维度	结果		
对用户	社群化	意味着信息被充分分享，并且用户易聚群，牵一发而动全身	对社群化的用户以社群工具进行朋友式沟通，如利用微信、QQ群等网络工具
对商家	联盟化	意味着单一功能的商家将无法生存，因为网络更具竞争力	与周边异业商家形成联盟网络，用户要的只是解决方案，商家应该组成联合体提供系统方案
对用户与商家的链路	扁平化平行化	意味着用户更希望从商家处得到人性化服务而非单纯买卖	借助成本更低的互联网工具将商家与用户间的物流、现金、信息等网络化、一体化

我们提出互联网时代的网络思维，其含义并非局限于互联网的网络含义，而是基于互联网对社会方方面面的影响。

总结起来，掌握网路思维主要应该注意三个方面：**一是看，注意观察互联网对生活的影响，特别是对人们的行为、观念等的改变；**

二是想，在观察到互联网对人们生活改变的基础上，将自身传统的运营模式逐步网络化，网络化的优势是节省成本、提高效率、适应用户、增强竞争力；三是做，即应用互联网、移动互联网的工具实现网路化。

在反躬自省方面，门店应该具备平台思维与服务思维。

6.3.6 平台思维

互联网打通了信息壁垒，使信息快速率、大范围的流通与分享成为可能，同时也实现了流量聚合，即人的聚合。王家卫说“有人就有江湖”，以用户为生命线的各类商家、组织、主体闻风而来，平台便应运而生。

我们要解释清平台思维，首先要弄清楚平台的概念。我们认为，平台即一个系统的多元有机体。如何理解？以我们熟知的淘宝为例，我们既可以在它上面卖东西，也可以买东西，还可以享受其金融服务；再比如商场，逛商场时都可以了解到其基本格局是超市 + 品牌专卖店 + 餐饮，我们想买一件衣服，逛了一上午累了，于是去吃饭，吃完饭后想起家里还需要补充一些日常用品，于是又去了超市。

我们所谓的平台，并非传统意义上一个满足某种功能的集散地，互联网时代的平台，必须具备以下四个特点，如图 6-10 所示。

总之，平台不是仅一个实体，也不是如菜市场一样很多同行业的集会。平台的组建，首先要思考一个能够统一不同利益主体的价值点，而这个价值点又来自于我们的目标用户群。

找到了统一价值点，也就有了目标；有了目标，也就不难整合资源、借势营销，对产业链进行横向与纵向的延伸、拓展，将不同商家主体组成一个有机的系统平台。在这个平台中，不同商家主体各司其职、各尽所长，不需要统一调度指挥，每个主体自然会在统一价值的指引下做好分内之事。对于市场主体来说，节省成本、提高效率、扩大受益；而对于用户来说，同样节省了开支、方便了消费，同时大大提高了体验的效果。

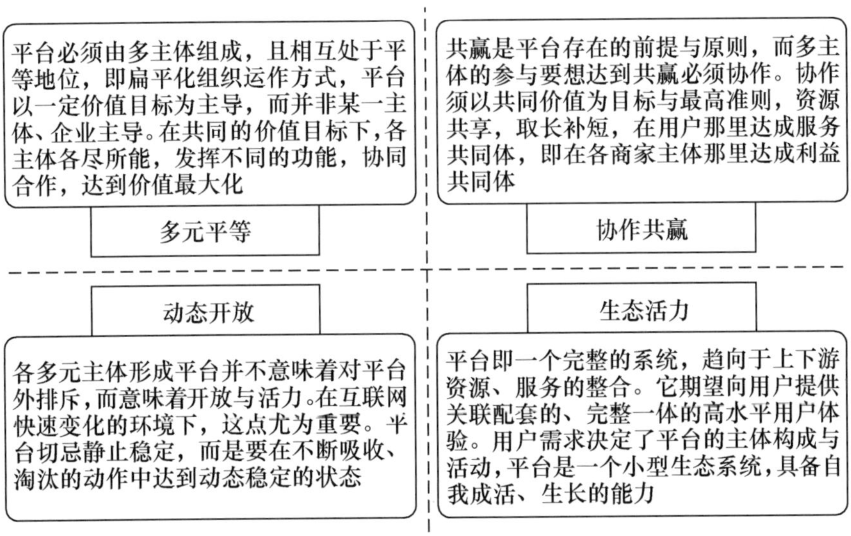

图 6-10　互联网时代平台的四个特点

对于实体门店来说，我们不妨再提供一些关于平台化有效的建议。实体门店的平台思维，我们通常给出很明确的方向，即社区化与生活圈。

这个平台就是社区平台，目的是打造目标用户的日常生活圈，解决用户日常生活的一切所需。比如，如果是手机店，只能满足用户购买通信产品的需求，但是用平台思维，我们该如何打造社区店、生活圈呢？

首先，用户的日常所需包括哪些？无非衣食住行，另外有娱乐、婚恋、亲子、养老等方面，按此思路，我们需要寻找每个方面的服务主体。而若按照传统思维，我们可能都需要自建，或者收购，这怎么可能呢？

若按平台思维，我们则可以设计一个自生体系，用利益自行驱动。首先我们说要思考一个统一的价值点，即用户。商家为了更大成交必然需要更多的用户流量与更佳的服务体验，如果我们对上门用户提供其他门店的优惠服务，用户一定高兴。

通过此种方法，我们提升了用户满意度，合作门店提高了客流量，用户实实在在获得了好处，这就是一个系统化的有机平台的雏形。这个平台会把用户留在它的范围之内以提供更方便、更优质的产品与服务，而这些也是用户需要，由此形成良性循环，用户会越来越多，商家的成本也会越来越低。

门店社区化几乎是实体店的必走之路，如果你不做，有别人会做，一旦被人做起来，你的用户就会大量流失，从而造成生命之源枯竭。实体店必须顺势而为，考虑在互联网环境下的平台建设问题，具体化平台思维。

最后还需要强调一点，实体门店的平台设计应从生活着手，即解决辐射用户群的日常生活需求，使用户形成日常黏性，有了这个黏性之后，再循序渐进做其他功能设计与开发。不论什么类型的店面，都可以做平台系统，借助移动互联网工具，从身边的生活需求开始。

6.3.7 服务思维

讲到服务思维，很多人会说：这谁不知道，用户是上帝，我们得服务上帝。

我们认为，这不完全准确，服务并非仆人对上帝的角色，真正符合互联网环境的服务思维，应当是平等的，这也是整个服务思维的基础。

按传统思维理解服务，即让用户满意，用户如何满意？即享受到最高质量、最好的服务。放在互联网时代，这则是一个误区。

很简单，互联网拓宽了人们的视界，也缩小了地球的距离，如果用户真的想享受最高档的服务，他自然会直奔主题，而对于大多数人来说，互联网带来的生活节奏加快，效率才是第一位的。

如果用户在上班前想解决早饭问题，五星级的大饭店显然不是最佳选择，对于他来说，快餐店也许是最佳的选择。

所以说，门店提供服务，首要要考虑用户要什么、用户希望体验到什么，而不是提供什么样的服务本身。

在这个基础上，门店必须意识到平等的深层次含义，即通过换位思考、感知用户的感受，从而提供给他想要的产品和服务，这对于用户来说，才是最好的服务。

基于此，我们甚至可以将服务替换成另外一个词汇——关怀，具体实现方法即我们把用户当做朋友一般对待。

海底捞的服务蜚声遐迩，要说有什么秘诀，其实也没有成文的规定，只是其能打动用户之处在于使用户感觉到贴心、温暖与感动，翻开海底捞的案例不难总结出这点：即我们如何对待生活中的朋友，海底捞的员工就如何对待就餐的用户。

高水平的服务即让用户获得超越期望值与习惯值的体验，而我们的门店还停留在买卖交易的传统思维局限中，这就无法为用户提供优质的服务。必须以朋友的姿态对待用户，才是互联网环境下的服务思维基础。

在运营方面，我们提出服务思维要落地，必须打造体验系统，门店经营的一切细节，皆以提升用户优质体验为出发点和落脚点。

我们将门店服务的体验系统做以下分解，如表 6-3 所示。

表 6-3　门店服务的体验系统

<table>
<tr><th>分类</th><th>内　容</th><th>门店服务</th></tr>
<tr><td>视觉体验</td><td>灯光、装修、布局、色彩、陈设等</td><td rowspan="4">对于门店来说多属于硬件设施，可以根据经营主题、用户特征、科学经验决定</td></tr>
<tr><td>触觉体验</td><td>身体接触的舒适度</td></tr>
<tr><td>听觉体验</td><td>声音大小、内容等</td></tr>
<tr><td>味觉体验</td><td>食物、空气等的味道</td></tr>
<tr><td>服务体验</td><td>购买、售后、物流等</td><td>人员引导、讲解、导购、回访等全程跟踪</td></tr>
<tr><td>认知体验</td><td>印象、知名度、口碑等</td><td>营销、宣传、推广、品牌等文化传递</td></tr>
<tr><td>超体验</td><td>在既定程式之外的人性化关怀，超出用户一般期望值、习惯值的非常规服务</td><td>隐藏在用户与门店交往方方面面的细节中，原则是想用户之未想，以做到超出他的平常预期</td></tr>
</table>

总之，门店具备服务思维，最基本的是要注意，不是我觉得做什么用户会满意，而是思考用户觉得我做什么会满意。这需要门店多观察用户、多调查用户、多感知用户，并且能以专业技能在门店设计出符合用户舒适体验的一切细节。

第三部分
如何利用微信培养忠实粉丝

第 7 章

圈子营销

7.1　第一时间以朋友的姿态沟通

移动互联网时代的用户有什么特征？我们可以随口说出很多，如多样化、社群化、个性化、注意力短暂、强调个体感受等。但是，仅意识到这些还不够，这些杂乱无章的表现无法让门店抓住其本质并做出合理的应对。

在互联网时代，用户一切表现的本质是人性化。

这是互联网的必然作用结果。对比在互联网时代之前的经营环境，应该可以有很好的认识。在互联网出现之前，人们获取信息的渠道是相对单一的，与其说用户需求单一，倒不如说用户根本没有意识到自己有什么样的需求。而相对单一的用户需求与服务供应遥相呼应，二者之间不存在互通渠道。

在那个时代，厂商生产什么，用户就接受什么；门店卖什么，用户就抢什么。但是，互联网的出现令这种情况彻底反转。

归根结底，随着信息渠道的打开，信息流的高端与低端双向无阻碍传递，不仅交易面在不断拓宽、交易壁垒在不断下降，人们更借此认识了世界、打开了眼界。

信息时代的人们，以互联网为依托，发现了自己的个性，并强烈要求爆发。

我们必须意识到，这是一个讲求人性化的时代。互联网的本质其实与互联网无关，而是人性解放。我们可以看到不论是互联网产业，还是传统制造业，只要是尊重人的感受、从获取最大用户支持的，无一例外都取得了巨大成功。

道理是相通的，对于广大实体门店也是一样的，我们必须意识到，成功的先决在于三个字——人本位。

具体到微信用户维系最直观的做法就是快速反应与朋友姿态，如图 7-1 所示。

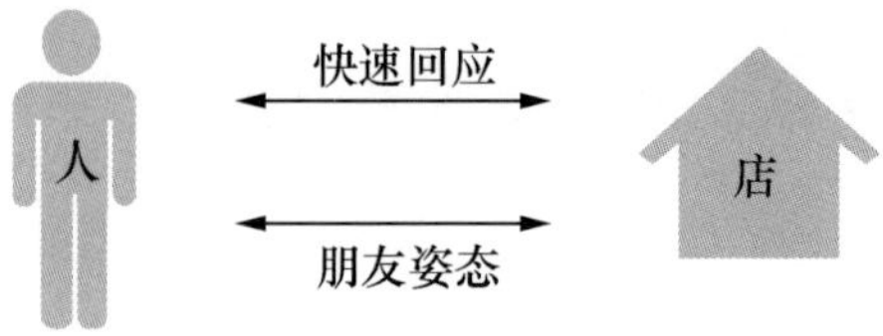

图 7-1　互联网时代门店使用微信维系用户的做法

在传统营销时期，物质相对匮乏，造成用户方面注重购买结果而非购买过程，也养成了商家高高在上的心态，只在乎能否卖出去，不管卖出以后的反馈。

互联网时代下，我们需要改变传统遗留下来的不好习惯。所谓人本位，就是关注谁买，而不管买什么，传统门店却恰恰相反，只管卖出去，而不管谁来买。设想一下，如果朋友在我们店购买了一款产品，过后有些疑问或感受，想与我们沟通，我们会消极处理吗？

在这一方面做得比较好的是小米公司。它的新媒体运营团队近百人，其中微博约 30 人、微信约 20 人。这些人员主要负责关注各个新媒体上最广大的用户对小米手机的评价、讨论、吐槽，并及时反馈。就算是不名一文的小角色，如果在自己的微博上说了句小米手机的差评体验，15 分钟内就会得到小米的官方回应。

真正得罪用户的，永远不会是产品的低劣，而是商家态度的恶劣。

另一方面，别忘了，我们不是经营军工产品，也不是卖种子化肥，不管开什么店，我们的用户绝大部分都活跃在互联网中，如果我们可以像回复朋友信息一样第一时间回复用户的信息，我们就已经俘获了用户的心，因为我们超出了其期望值。

有句俗语叫“留得青山在，不怕没柴烧”，用户就是我们的青山，拢住了人心，门店自然会茁壮成长；别忘了，还有句俗语叫“此处不留人，自有留人处”，同样的东西别店也有，如果你怠慢了用户，他凭什么仍然选择在你的店购买呢？

7.2　用微信做连锁反应链

在“人本位”之上，是人与人之间关系的颠覆。具体体现在两个方面：一是回归人性让人与人之间的交往需要更多的人情味；二是互联网拓宽了人们的社交圈，深耕了人们的交际圈子。

QQ 的发展过程是这种变化的最典型体现与最佳说明。

我们在互联网时代说的“关系”与我们在普通意义上说疏通关系的“关系”并非相同含义。借助互联网工具，人们突破了传统的亲戚、朋友、同学、同事等关系，人与人之间的关系更加多元开放，例如，拥有同一种爱好、关注同一种事物、就某一话题都可以组成自己的关系圈。

而人性化，体现在人与人之间不再过多以功利性、目的性组成关系链，而单纯交流、单纯欣赏的关系比比皆是，这正是互联网本质的具体体现——人们越来越关注自己的感受，同时要求别人注重自己的感受。

除了我们不断强调的互联网时代“人本位”的用户心理外，再进一步对于人与人之间的关系上，用户呈现出什么本质特征呢？如图 7-2 所示。

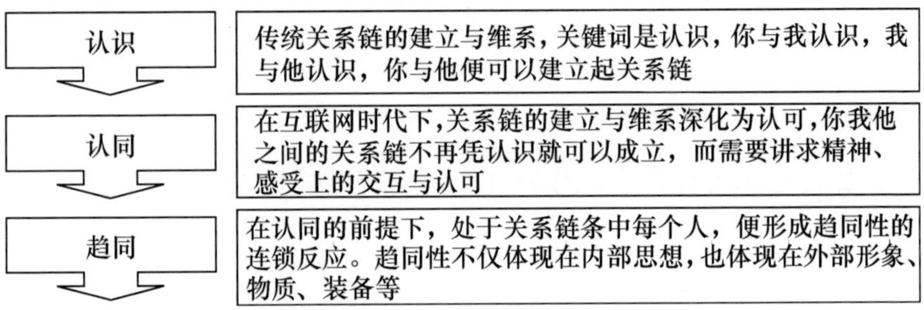

图 7-2　互联网时代关系特征演化示意

从图中我们可以很明显地看到“关系”在互联网时代的升级迭代。在过去的几年中，社交媒体大行其道，正是这一用户心理机制的深刻体现。中国是礼仪之邦，文明深远，更注重人与人之间关系的联结。

实体店想要玩转用户，必须了解用户的思维本质及行为特征。具体到微信上，我们就要用用户的特征做朋友圈的连锁反应链。

为什么？我们首先来看一个微博与传统媒体的比较。

有人计算，微博粉丝数有 100 人的账号即相当于传统纸媒的内刊，有 1 万人以上相当于一本普通杂志，有 10 万人相当于一本行业杂志，有 100 万人则与全国性报纸影响力相当。

微信呢？有人说微信不如微博开放，粉丝数量不如微博多，达不到微博的影响力。事实上情况恰好相反，微信的朋友圈比微博更具活跃度、紧密性与黏合度，微信虽然看上去是微博缩小了的关系平台，但其做强了关系张力。微信及其朋友圈有什么样的特质适合营销呢？如图 7-3 所示。

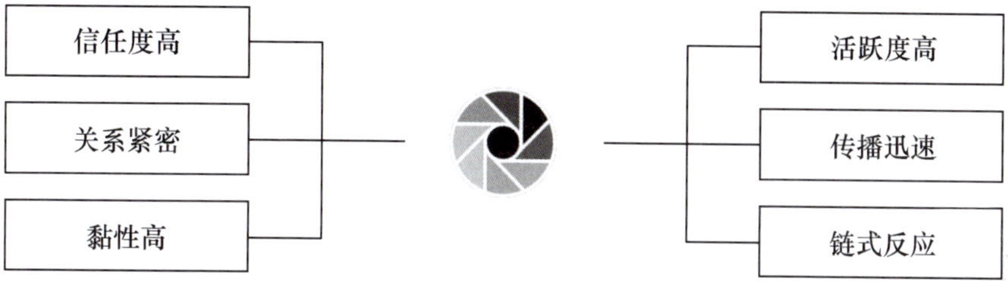

图 7-3　微信的圈子营销特质示意

我们都有经验，什么情况下信息传播最有效？口口相传。我们看到，微信及其朋友圈正是具备了口口相传的一切特质，这对于培养门店的品牌美誉度及用户忠诚度不正是最佳的平台吗？

注意，我们利用微信及其朋友圈做信息传播链的目的是用户忠诚与品牌美誉，切记摒弃传统模式下“卖东西”的思维。朋友圈若被用来做类似传销模式，真就大材小用了。

门店做微信朋友圈，不仅是微信功能上的“朋友圈”，而是建立与自身经营相关的朋友圈子，这个圈子不是集市，而是会所。利用微信做连锁反应链，一般应注意 4 个方面，如图 7-4 所示。

门店利用微信朋友组成的朋友圈，目标效果是达成连锁反应链。因为微信具备链式反应的最佳条件：**信任与安全。**

连锁反应链对于门店来说有什么好处呢？电影《大腕》中有句经典台词：“周围邻居不是开宝马就是开奔驰，你开一日本车都不好意思跟人家打招呼。”放到现在，我们应该说，你过年没抢过红包都不好意思跟人打招呼。2015 年春晚火遍全国的抢红包活动相信大家记忆犹新，我们不去评价它最终的效果，但我们应该注重朋友圈的信息递进效率与对用户行为的深刻影响。

心态上平等：门店唯一要做的，就是多交目标朋友。而在网络中，人们之间沟通并不靠现实中的身份与头衔。门店不论是组建微信群还是加入微信群，都要以一名普通成员的姿态，与组员平等交流。当然，参与的圈子要与门店经营主题相关联

基础是信任：微信连锁反应的前提是信任，朋友圈中人数多少只是表象，因为个人可以进行屏蔽，那么门店发出多精彩的话题都不可能传递到目标受众那里。忘了自己要卖东西，就是扎扎实实与每一位微信好友熟悉、交流、认同，并最终取得信任

行为上参与：行为上的参与分线上与线下两种，发起与参加。作为圈子、微信群的一份子，我们不仅要积极参与圈子发起的话题与活动，还要自己发起吸引眼球的活动与话题，如果条件允许，借助门店等线下平台组织主题活动就是最好的一种方式

效果上连锁：培养自己成为圈子中的意见领袖，或者与圈子中的意见领袖合作，通过意见领袖，向整个圈子传递有利于门店品牌美誉、客户忠诚与产品营销的信息，以点带面，最终形成圈子内连锁反应，带动整个圈子与门店互利互惠

图 7-4　利用微信做连锁反应链的注意事项

建议门店立即整理自己现有的老用户，特别是有效、活跃的老用户，分析其基本信息、消费信息、偏好信息等，根据年龄、职业、爱好、籍贯、职位等分类分组，并以此组建微信群，让门店的用户群内部之间相互交叉，形成内部反应链。

另外，还可以以每位用户为圆点，鼓励其将门店信息介绍至自己的朋友圈中，形成外部反应链。

内部与外部反应链互相作用，最终形成门店用户的滚雪球效应，如图 7-5 所示。

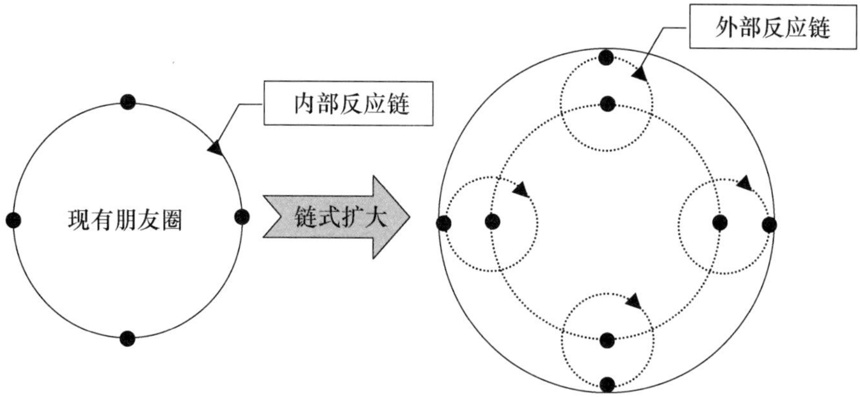

图 7-5 门店用户内部与外部反应链示意

从上图我们可以很清晰地看到，微信链式反应在门店积累用户、拓展品牌影响力中的巨大作用。门店用户组成门店现有的朋友圈，同时门店用户也有自己朋友圈，门店再以已有用户为支点，渗透用户的朋友圈，这样，用户的朋友圈被吸收变为门店的圈子，从而使门店的圈子扩大、用户群增加、美誉度上升。

门店在利用微信做反应链时，可以用到内部交叉与外延传播两种方法，如图 7-6 所示。

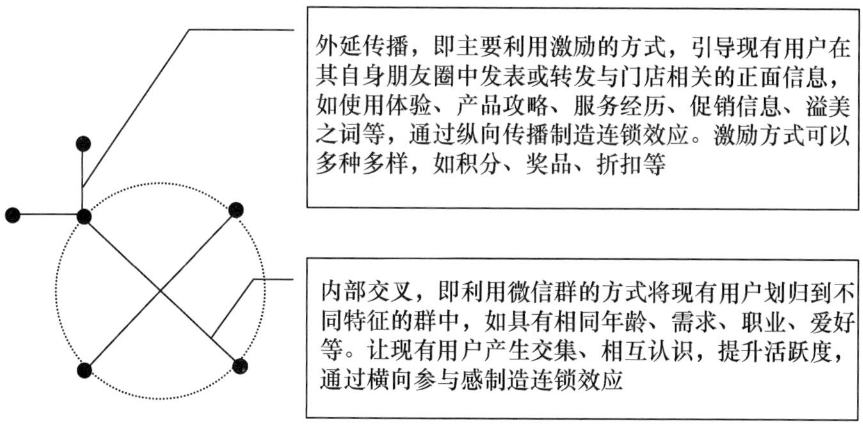

图 7-6 如何用微信做反应链

用微信做用户的连锁化管理，一方面可以形成用户积累的“滚雪球”效应；另一方面可以形成用户的联动机制，进可再次开发二次销售，退可维系培养情感忠诚度，大大提升用户的效率。

朋友圈是门店的聚宝盆，关系链是门店的生意场，聚宝盆与生意场相辅相成、互为作用，才能发挥用户的最大价值。

7.3　用微信做人脉关系网

微信的关系其实就是你的人脉资源库，我们知道人脉是一种资源。对门店来说，本身即拥有隐形的庞大人脉，比如用户、供货商和代理商等。曾有个手机店老板问我如何增加门店业绩，我说将你通信录中的老板全部加为微信粉丝。3 个月后，这名老板告诉我，他的业绩提升了 200%。

善用人脉，一分耕耘，倍增收获。每与人沟通一次，你的人脉网络就多增加一条线。个人能力再强，若无人脉的作用，往往事半功倍。

建立人脉关系的准则可以用“互惠、互赖、分享和坚持”4 个词概括。你的微信好友、手机通信录可能有上万名单，可如果你不与他们交流沟通，他们的数量就等于零。

利用微信建立人脉的关系网，首先需要划定人脉的关系层，如图 7-7 所示。

要注意人脉资源的深度、广度和关联度，人脉的深度即人脉关系纵向延伸的情况，人脉的广度即人脉关系横向延伸的情况，人脉的关联度是指人脉关系与门店主营业务方向的相关性。人脉资源既要有广度和深度，又需要有关联度，要关注成长性和延伸空间。

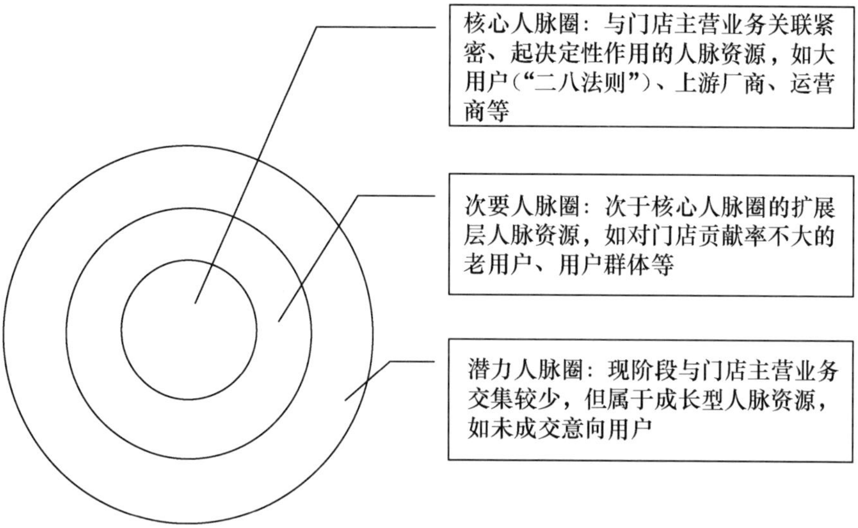

图 7-7　微信人脉关系层示意

7.4　用微信做口碑扩音器

微信圈子与微博相比，虽然范围小，但力量大。信息在微信中的连锁式反应很容易形成一种“势”。用户在微信中发现一篇好文章、好产品、好话题，会随手转发到自己的关系圈中，而关系圈中的人再转发到各自的关系圈，一传十、十传百，像“病毒”一般传播开来。

我们都知道多米诺骨牌，第一张骨牌倒下后，推倒了第二张骨牌，紧接着是紧密相连的一连串骨牌依次倒下。在人与人组成的关系圈中，也很容易形成这种连锁反应的现象。

美国圣母大学曾经做过一个实验，扮成政客的实验人员登门拜访选民请他们为自己投票。据事后统计，通过交谈，选民投票的可能性增加了 10%，而令人惊奇的是意外收获：选民的家庭成员投票的可能性增加了 6%。

我们可以稍微计算一下这种多米诺连锁反应的传导效果，按 60% 的逐层影响率计算，如果门店直接影响其 10 位用户，则用户的购买可能性增加 10%，这 10 位用户再向他们身边的 10 位好友施加影响，则将有 100 位用户购买可能性增加 6%，以此类推，1000 位用户购买可能性增加 3.6%……

我们将得出很惊人的数字统计：向 1 个人推荐即可引发至少 30 人的关注。怪不得有人说，实体店面根本不需要太多的用户，只要维系 1000 名左右的忠实用户，就可以获得相当不错的业绩。

这就是口碑营销的效果，这与人们的心理形成过程有很大关系。传统媒体出现之前，人们获取信息的渠道主要是靠亲人之间的传递。由于角色信任，我们自然会关联信息信任，即由于信任信息提供本人而连带信任其提供的信息，这就是口碑。

大众媒体兴起后，我们选择相信信息的心理机制并未发生本质变化，这也是为什么广告商会频频使用明星代言，因为用户相信明星，自然而然会相信明星的推荐。

网络盛行后，信息爆炸，我们看似有更多机会可以选择信息、辨析信息，但遗憾的是千百年来形成的心理机制仍在深刻影响着我们的思维、判断与选择。否则，我们做购买决定之前，为什么要询问朋友圈的评价？我们为什么极易尝试朋友圈中的美食推荐？

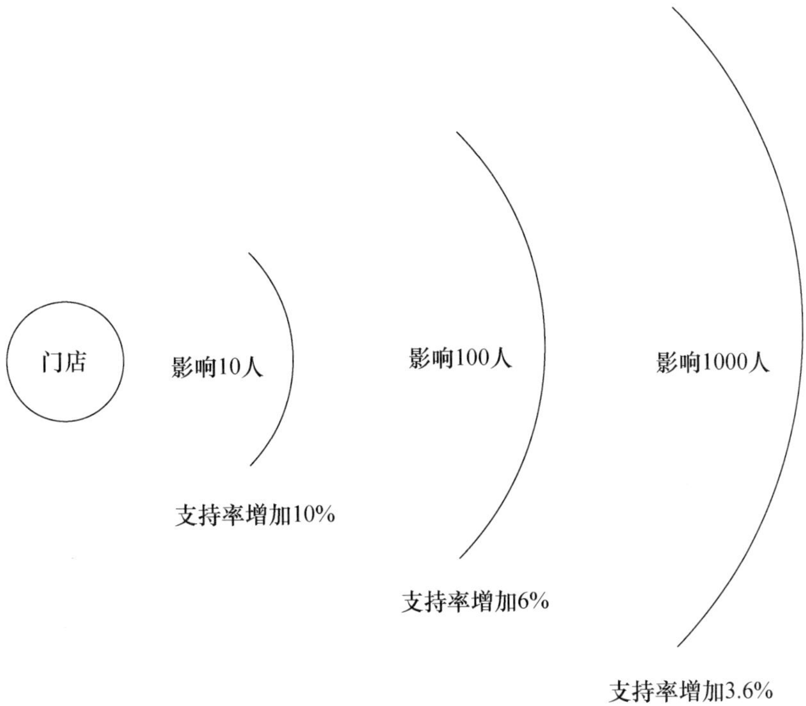

图 7-8　门店用户影响多米诺连锁反应示意

曾几何时，门户网站等确实成为信息策源地，但随之而来的微信、微博、QQ 等社会媒体又迅速占领了信息阵地，成为绝大多数国人的主要信息获取渠道。如果说这是一种传播意义上的返璞归真，倒不如说这些互联网产品契合了用户的心理及需求。

身处于互联网时代中的门店，又怎能不顺势而为，借着社会化媒体的东风，做足口碑营销的功课？

我们分析了口碑传播的心理机制，即信任。我们也知道，微信朋友圈是目前信任度最高、目标用户普及率最高、活跃度最高的社交媒体。因此我们才会不遗余力地与大家探讨如何利用微信的信任基因做用户管理。

但是，在实操中，门店往往会遇到一个非常棘手的问题，即潜在用户加门店微信好友后，会屏蔽、取关甚至删除门店账号和信息。

一般说来，能被别人加为微信好友，也就意味着关系升级，建立了基本的信任。但实操中有相当一部分用户是为了得到门店的促销礼品或者优惠才“被迫”加微信好友，在得到实惠后便会立即抛弃。如此一来，门店做了无用功，损失礼品是小事，损失用户是大事。

相对来说，实际上这部分潜在用户处于一个伪信任状态，已成交的用户、成交过几次的老用户以及对门店产品和服务有浓厚兴趣和切实需求的用户是门店的有效用户，暂时抛开这些用户不说，因为这部分用户一占少数，二在微信中与门店的信任度很高。

我们希望解决的是，因为礼品刺激加门店微信好友的用户群，如何在最短时间内最有效地提升信任感与认同感。

我们来分析一下这部分用户因何信任感不够？因为不熟悉。如果我们走马观花地看到一家店的门面装修或我们出了地铁或在商场门口加了某家店铺的微信好友，我相信我们也不会关注这家门店，更不会花精力去了解它，也就谈不上信任。

再来思考一个现象，为什么即便是第一次见面的陌生人，女人与女人之间很容易以闺蜜般地相处，老乡与老乡之间很容易亲近，男人会因为吸烟借火而攀谈熟悉？

是的，就是因为两个字：相似。

女人与女人之间是性别相同，老乡是籍贯相同，男人借火是因为爱好相同。

我们因此发现，人与人之间信任感的建立，其本质并不在熟悉不熟悉、了解不了解，其深层次的心理机制是在寻找相似点。

一旦找到相似点，则人们由相似而认同，由认同而信任。

由此反观我们门店的做法，通常存在两个误区：一是疯狂向用户介绍自己的门店；二是利用礼品加用户微信好友后并无后续增进信任的环节，都是事半功倍的做法。

不论是利用微信加好友，还是迅速与进店用户拉近关系，实体门店应该做最准确的事，即三个字：找相似，如图 7-9 所示。

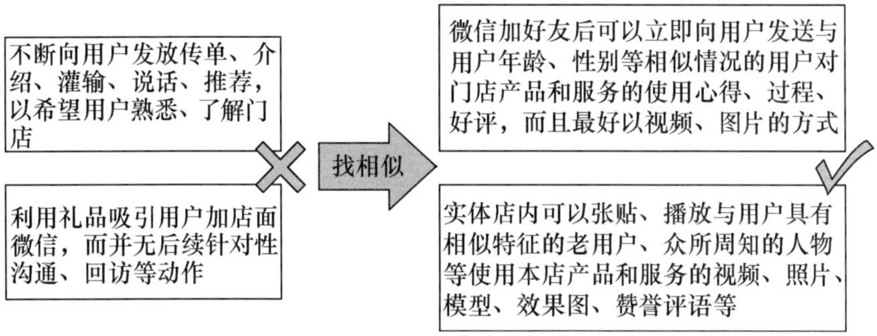

图 7-9　实体门店如何维系新用户示意

这样一来，不论是门店微信中的老用户、高意向用户，还是被“强迫”拉进来的好友，我们基本可以保证他们与门店的信任度。当具备信任度之后，门店就可以利用连锁反应链推广产品、树立品牌、扩大知名度、维系感情等。

利用微信做口碑扩音器，基于信任，赖于反应链，而这两点的共同基础正是“趋同”，是我们在本章最初已经分析过的，人们心理运行的最基本机制。在信任与链条之间，门店还可能会应用到一些技巧，如图 7-10 所示。

回顾总结一下，这一节主要与大家探讨如何利用微信做圈子营销的问题。

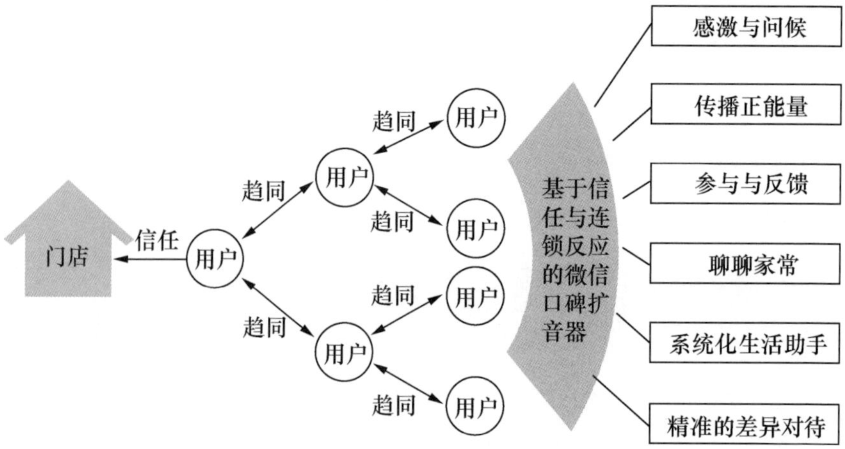

经常对用户表达感激之情与问候之语，削弱用户与门店之间的买卖意识，培养与加深用户对门店的生活感、人情味的意识，增进感情因素、加深信任、促进良好体验

与用户分享内容积极的生活、新闻、趣事、周边、门店的相关信息，使用户形成潜移默化的认同感与积极心态，这样有利于信任关系的稳固与升级

参与与反馈，积极参与用户发起的话题与活动，同时也邀请用户对门店发起的话题进行反馈。同时提升自身在用户心中及用户在自身心中的存在感，高活跃度是维持信任关系的必要条件之一

以朋友姿态与用户交谈，尽量避免目的性很强的沟通，如让用户消费。信任感的加强需从用户日常生活中的问题着手。与用户聊聊家常，不仅有助于门店了解用户关键信息，更可以加深信任

先通过交谈了解用户的日常需求，再推荐与门店相关的产品与服务，而非顺序颠倒。门店可以利用自身资源帮助用户解决其生活中一切问题，实现赢利的同时可以获得客户的忠诚度

重点用户重点对待，特殊用户特殊对待。让用户产生自己受门店重视的感觉，关键在于用户的感觉而不是门店的千变万化，不同的用户有不同的感受，门店差异对待应对待感受，基于每个用户

图 7-10　门店利用微信做口碑扩音器示意

首先，圈子之所以可以称为圈子，就是因为它的连锁反应特质。同样是人的集合，如果没有联动性，则不能称为圈子，因为它随时会散，对于我们的经营毫无意义。对门店来说，其意义在于使门店专注于建立“信任”的连锁反应链而非人的集合。

而圈子营销这个词的重点也不在“营销”二字，关键仍在“圈子”上。这对于门店来说意味着门店要将主要精力放在人的聚合上，而不是“销”，彻底转变只想着卖东西的僵化思维惯性，转而专心致志“交朋友”，做“人”的工作。

同时，圈子营销是当前互联网时代下门店经营最有效的营销方式，应该说，是实体门店必须具备的营销方式。

平时培训走过全国大部分地区，我经常会遇到大量对互联网时代的营销模式产生质疑的店老板，他们会问：“我们店没用微信，照样活得很好，那我为什么要用微信做圈子营销呢？”

理由有很多，最显著的是成本低廉。打印彩页发传单，即便 0.1 元一张都比微信贵得多。但是我认为最不可抗拒的原因是：智能手机与微信的普及率。即便门店开在农村，其面对的主力消费群中还有几个人没有智能手机？智能手机上还有几个没装微信的？

我们要认清，不管老板喜欢不喜欢、接受不接受，互联网已经改变、正在改变人们的生活方式。你有什么方式可以足不出户就拉用户进店呢？微信可以做到，为什么不用呢？如图 7-11 所示。

这就是我们为什么必须应用口碑营销，并且必须使用微信做口碑营销的原因。利用微信做圈子营销，是在“圈子营销”的经营之道下的制胜之术。

至于微信该如何运作圈子营销、口碑营销，我们为大家总结了一句话：“以培养忠实粉丝为纲，以信任与趋同两点为目，纲目并举。”

接触一家门店的大部分用户仍处于蛰伏状态，即兴奋点蛰伏，除非有强势品牌的自上而下拉动，用户一般不会在短时间内对门店产生浓厚的兴趣与关注。在移动互联网时代，很多门店都在做一项工作，就是在人流密集的地方通过微信网罗好友，方法一般为礼品刺激。

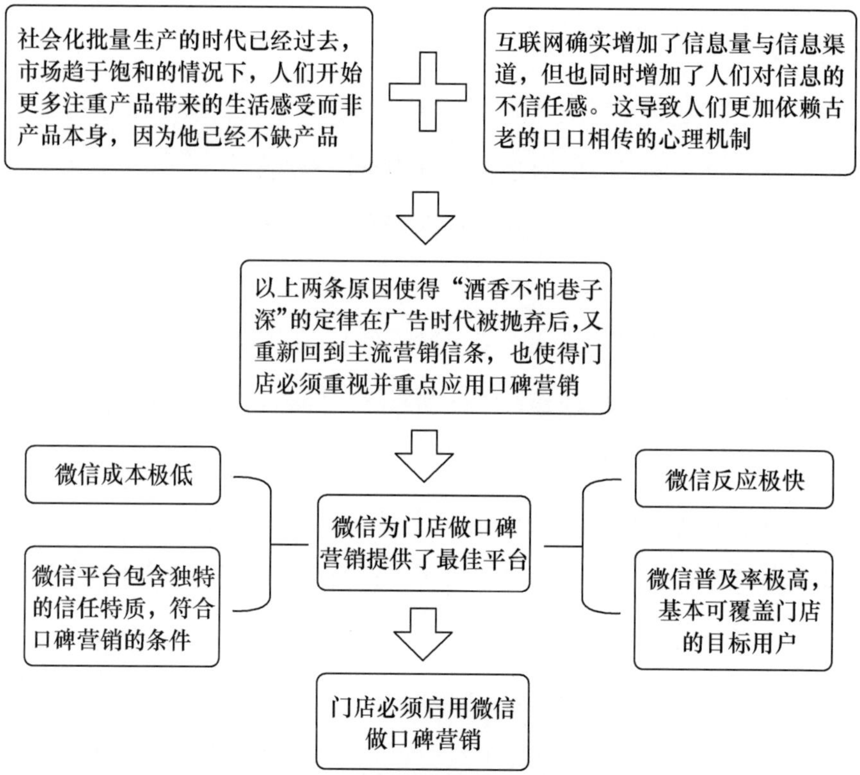

图 7-11　为什么用微信做口碑营销示意

微博与传统媒体比较，更具有圈子营销的多米诺效应。

刚刚探讨过，互联网时代的特征是信息通道打通带来的资源扁平化，每个人都可以做自己的代言人，每个人都可以建立自己的自媒体，每个人不经意的话题都有可能上头条，成为全社会关注的热点。

这让传统的社会结构、关系单元、营销模式发生了从链式到网状的根本性变革。

第 8 章

给用户点优惠

用户维系中比较重要也比较普遍的一个手段就是优惠。换位思考一下，我们在一家店铺购买很多件商品或者我们重复在一家店铺购买时，自然会要求“便宜一点”“多赠一点”等。优惠已经成为老用户对门店普遍具有的理所当然的要求，如果没有“优惠”，将会损害老用户的感情与忠诚度。

我们接下来便希望与大家一起探讨一下，如何用微信卡券做老用户的维系工作。

8.1　卡券归微信——抛弃纸质优惠券吧

卡券对于实体门店来说并不陌生，每家门店几乎都做过优惠券，也发过优惠券，打开自己的钱包，除了银行卡，就是各种各样的购物卡和优惠券。

我们不妨把这些卡券摆到桌面上，看一看有多少已经过期？有多少我们已经不记得是哪家门店的卡券？有多少对我们根本构不成吸引力？

那么，再反观自己门店发放的优惠券，我们不知道在哪里的用户，是不是也会有同样的情况呢？

以传统意义上说，卡券被当作最有效也最普遍的促销方式，而我们想提醒大家，审视卡券时，效果先放在一边，在意识上，要将卡券与促销分开。尽管它无论在传统模式下，还是在微信方式中，都是最佳的促销手段。

我们不应仅将卡券应用局限于促销思维之内，卡券作为俘获用户的利器，不仅在增加进店量、成交量与新用户上发挥作用，还应在老用户维系上有所作为。

所以说，在探讨卡券促销之前，我应该更加广义地理解"卡券促销"这4个字，其主要体现在两点延伸上，如图8-1所示。

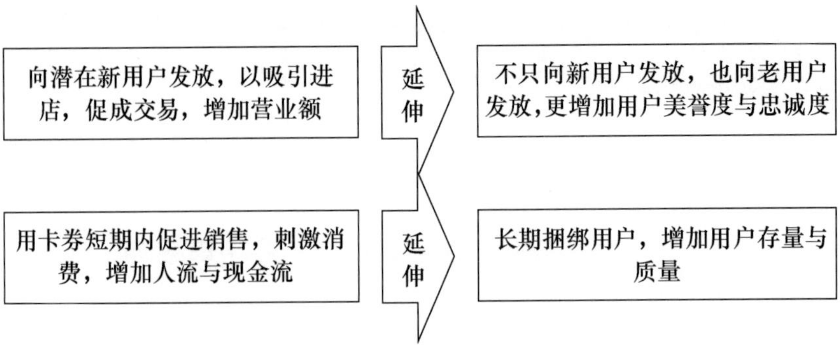

图8-1 "卡券促销"的广义理解

卡券不只是用来吸引新用户消费的，也不只是用来促进消费的，在互联网时代，门店应该转变理念。当然，我们还是要从其促销功能说起。

门店用传统纸质方法玩卡券一般是怎么做的呢？无非是设计、排版、打印、发放这么几个环节。发放之前各个环节的人工、时间、材料等成本费用不提，单说发放，发放之后的环节基本没有了。优惠券设计出来发放出去，门店只能回店等待了，无法控制后续环节，发给了谁、发放多少、实际到达多少、到达后用户的兴趣等，门店一概不知。

这种传统的撞大运式的卡券运作方式，其效果微乎其微，到达率、进店率、核销率非常低。正是因为这一点，我们才提出，卡券必须回归到微信上，如图 8-2 所示。

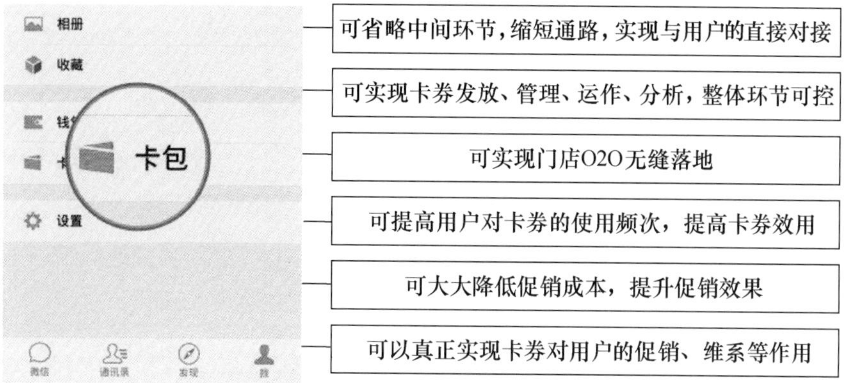

图 8-2　卡券回归微信的原因

从图中我们可以看出，卡券回归微信并不仅仅因为微信卡券无纸化、成本低、易于管理这些表层的原因，最重要的原因是微信的电子卡券可以直接对接每个用户，并可以完成促销闭环，从而实现真正意义上的卡券促销运营。

也就是说，传统纸质卡券，我们发放出去之后，就是真的发放出去，而使用微信发放卡券，卡券并未脱离门店之手，门店掌握着绝对主动权，这种主动权主要是通过微信公众平台的管理后台实现的。

门店在做微信卡券时一般需经过以下完整流程，如图 8-3 所示。

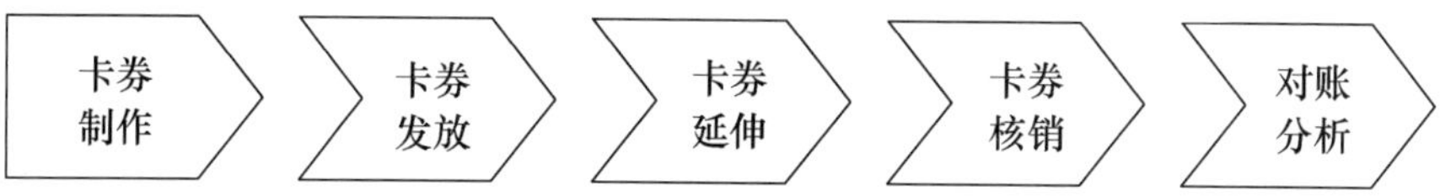

图 8-3　门店做微信卡券的完整流程

卡券，顾名思义，包括卡与票券两部分。卡主要是会员卡、积分卡，票券又包含票务与优惠券两部分。票务目前主要涉及日常生活，如车票、机票、电影票和门票等，优惠券主要包括代金券、现金券、折扣券和团购券。

这些分类相信大家已经非常熟悉，之所以重新梳理，是因为每种卡券的用途及特性有所差异，门店在使用时应注意，如表 8-1 所示。

表 8-1　不同种类卡券的用途及特性

卡券		特性	使用情境
卡类	会员卡、积分卡	用户身份感强，使用周期长	会员制商品，老用户维系，提升用户价值
票券类	票务	生活必需，易于携带、管理	吸引进店、新用户开发等
	优惠券	消费转化率高，使用周期短	快消品、高频消费、节日促销等

门店应根据各类卡券的使用情境，首先明确卡券的使用目的，是期望薄利多销走量，还是吸引进店走流量？是期望推广新产品吸引试用还是再次消费拉拢回头客？门店根据目标设计相匹配的卡券，才能精准投放，提高命中率。

在卡券的制作阶段，我们应根据促销目的设置卡券的基本内容，具体包含 3 个方面，如表 8-2 所示。

表 8-2　如何根据促销目的设置卡券

卡券制作内容	具体内容	制作依据
基本信息	卡券名称、Logo、样式、功能介绍、电话、主题、品牌、产品或服务介绍、实效、优惠内容和使用规则等	简洁有力、重点突出，使目标用户快速定位、眼前一亮、记忆犹新

续表

卡券制作内容	具体内容	制作依据
功能设置	卡券的领取、激活、转发、赠送、链接等功能	促销目的、易操作、抓取用户信息，便于用户转发赠送等
流程设计	发放渠道、核销方式、核销员	便于数据统计与分析，提高卡券使用率，提高流程操作效率

我们一直提互联网思维，那么传统行业如何安装互联网的翅膀呢？微信卡券是一个很好的接入口。传统的实体门店将自己的产品和服务从用户角度解析重构，以更加适应用户情感诉求的模式重新设计，以微信的平台推广，最终通过卡券的契机与用户完美结合。

这不正是互联网思维应用到微信上的精髓吗？

微信提供一个管道让实体门店可以跨越空间直接与用户对接，同时微信又开放 N 个入口实现门店对用户的吸引与结合。实体门店有管道、有内容、有用户、有平台，怎么可能不如线上电商呢？实体门店有很好的场地优势，只是没有充分挖掘“互联网 +”模式。

我们可以将实体门店的产品与服务、微信平台和微信入口称为“互联网 +”模式下三位一体的赚钱铁三角，如图 8-4 所示。

互联网时代、移动互联网时代实体门店想要生存，必然要结合互联网与移动互联网工具，这不是必须随着技术变化而变化，而是必须随用户变化而变化。移动互联网中有一个非常具有代表性与实用性的工具，那就是微信，而微信营销的应用奥秘就在我们上图总结的“三位一体”中，而微信卡券，又是微信营销应用具有代表性与使用效果的工具。

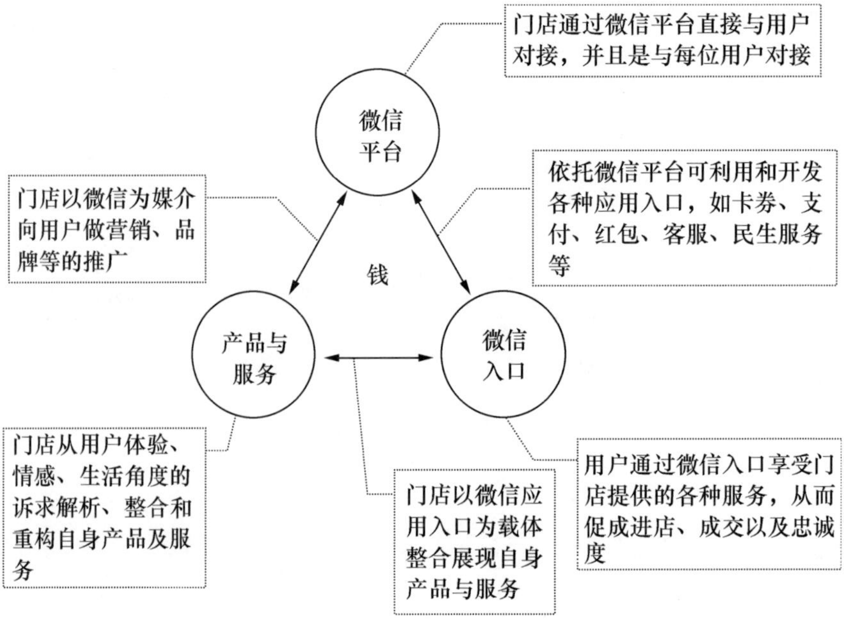

图 8-4　“互联网 +”模式下的赚钱铁三角

8.2　用户归门店——促销促的不仅是销

我们在上一节说过，卡券的传统用法就是促销，而促销在传统思维中就是提高销量、营业额等，是数字的概念。而依据我们“以用户中心”的核心思维来看，促销的重点不是销，而是销给了谁。

用户永远是门店做任何运营的首要出发点和最终目的地。

所以，不管是利用微信电子卡券，还是传统实物卡券，门店首先必须明确促销的根本目的是吸收更多的新用户和更多忠诚的老用户，把关注销量、销售额这些冷冰冰的数字转变为关注每一个活生生的具体用户，完成由“销”到“促”的转变，如图 8-5 所示。

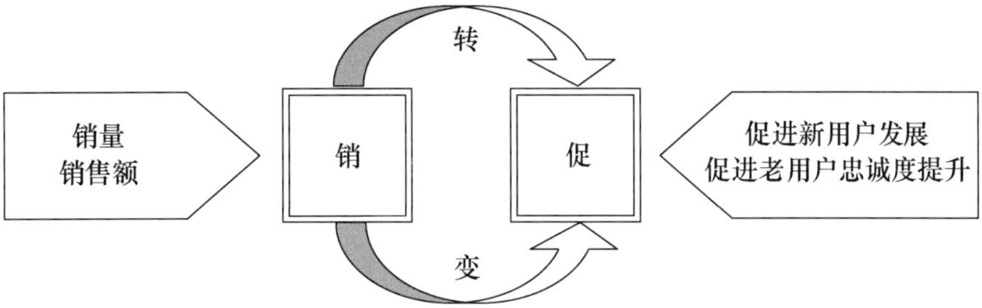

图 8-5　从“销”到“促”的转变

而微信，正可以帮助门店实现这个转变。

微信作为一款应用软件，有操作后台与数据平台，门店用微信制作、发放、核销卡券，可以实现对使用人、使用渠道、赠送人、转发人、支付金额、消费日期、消费商品等数据的清晰掌握。

即使这位用户未进行线下操作，对于门店来说，也至少可以捕捉到用户的微信号，微信号即用户。

这也是微信卡券可以追踪使用全过程、直接与用户本人建立连接的原因。这一点，正契合我们“以用户为中心”的运营核心，那么，门店用微信卡券做促销，如何实现促进新用户发展和促进老用户忠诚度提升的“两促”呢？如图 8-6 所示。

建立点对点通道	消费不是目的，吸粉才是关键，卡券的任何一次核销，必须获取使用人的微信账号、电话、QQ 账号等信息，并与门店相关账号加为好友
建立点对点体系	通道建立后，还必须与用户建立联系，至少应立即沟通一次。方法通常有致谢、问询、回访和问卷等
建立点对面连接	即以用户为原点向他的朋友圈分享、赠送、转发卡券。门店可以设置引导措施，注意，好玩是重要吸引力之一，不一定非要物质激励

图 8-6　微信卡券促销如何实现“两促”

以上是我们与大家探讨的基于用户运营的微信卡券运作思路。具体到方法，我们提出 6 个字的操作技巧：**准下枪、广撒网。**

我们用捕鱼来打比方，枪即鱼枪，网是渔网。用鱼枪捕鱼效率很高，稳准狠、见效快，微信卡券的设计与发放适合这种形式。而广撒渔网需要大量准备、铺垫工作，捕鱼周期长，但捕鱼量巨大，回报丰厚，适合推广微信卡券时效仿。

准下枪、广撒网需要分别从微信卡券投放的点与面出发做全面考虑，具体内容如图 8-7 所示。

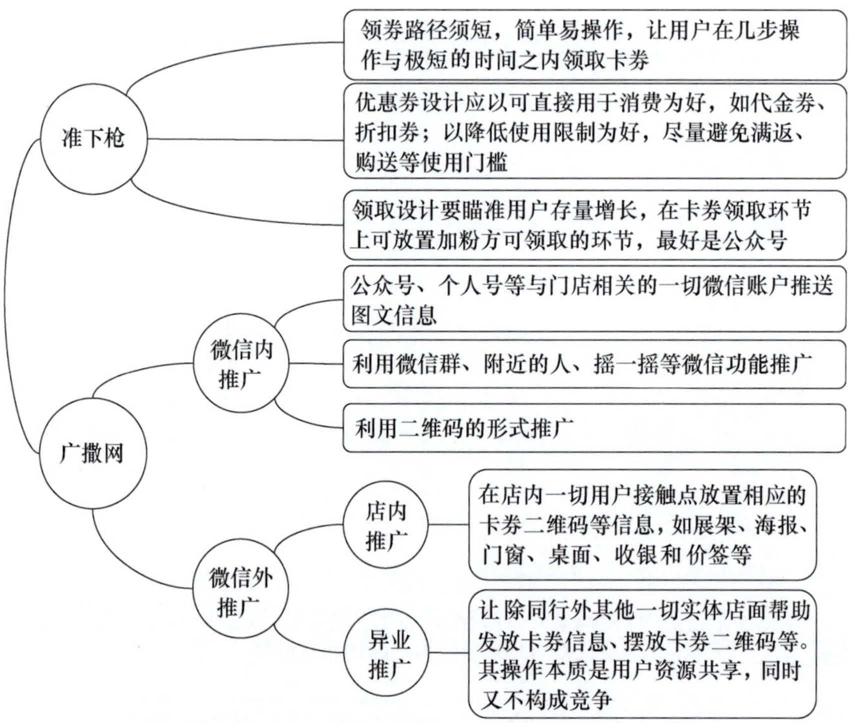

图 8-7　微信卡券促销"准下、广撒网"技巧应用示意

上图即是微信卡券促销运作"准下枪、广撒网"的具体内容，为让大家更好地理解，我们还需要就其中个别点进行补充说明。

“准下枪”与“广撒网”相比，重点应放在前者上，准下枪是快速提升线下线上转化率、卡券核销率和微信粉丝数量的最有效方法。

“准下枪”的核心就“短平快”三个字，卡券投放路径短、卡券领取门槛平、卡券使用快，最佳状态是立即发到目标用户手中，并且用户可以立即使用。所以，某些行业在发放时间上亦需拿捏，如餐饮行业的卡券应在餐前、周末发放。

微信内推广与微信外推广相比，重点应放在微信内推广，主要原因除了省时省力外，还有见效快、效果好。微信朋友圈逐层递进式的扩散，可以迅速形成巨大发放量与较高领取率，即便你的公众号粉丝很少，也可达到效果。

当然，也不能不做卡券的微信外推广工作，毕竟成本小，但带来的潜在效果却不容小觑，即便布满触点的卡券二维码一天只有一位用户扫，对门店来说也已经超过了投入，更何况店外推广的优势在于持续性，后期不必投入大量人力与精力，也能源源不断实现粉丝增长。一蹴而就的用户增长只是一时，何况往往有很多是僵尸粉，用户存量的真正增长还得靠扎扎实实的积累。

异业联盟推广微信卡券如何推呢？我们说其本质依赖的是用户资源共享，这一点除了零售同行门店，其他门店一般不会拒绝。具体如何操作呢？门店在寻找异业门店帮助推广卡券二维码时，主要应注意以下 3 点：

一是避免找同行，同行不会与你分享客源，自然要避免；

二是强调成本小，联盟的其他门店推广成本几乎为零；

三是强调提高进店量、知名度与销售额。因为进你家的店能享受我家的优惠，用户一定愿意进，所以对其他门店来说，这是一个无法拒绝的合作。而我们得到的，同样是用户进店量、粉丝增长与销售额。

注意利用卡券进行转化，即尽量将领卡券的用户转化为微信粉丝，尽量将线上用户吸引至线下门店。当然，最好不要对卡券的使用设置门槛，如进店领取、进店消费等，但如果不能设置用户经过门店的线下环节，则门店的实体意义将大打折扣。

之所以希望将用户引流至门店内完成卡券消费，主要是考虑延长门店与用户的触点点线，从而有更多机会抓住用户。邀请用户时，门店需要衡量卡券的优惠价格与价值，如发放 10 元的代金券对距离较远的用户群并不具有吸引力，效果也会打折扣。

卡券的人员支持。主要包括老板层、管理层和执行层三方面人员，老板有使用微信卡券的意识是最重要的，其次是管理层人员要统筹安排，执行层包括三方面人员：一是卡券制作人员，负责卡券 Logo、图片等的美化与制作；二是卡券推广人员，线上线下推广、引导用户；三是卡券核销人员。门店应特别注意对这三类人员进行培训，只有上下统一思想、厘清权责，才能步调一致，使卡券营销效果最大化。

8.3 别忘老用户——让每个用户都不同

走过、看过、辅导过全国上万家门店，感触最深的就是注重老用户的店很少。每一家店都在为进店量、新用户着急，可就是没人去做老用户的工作，这其中有电商冲击的原因，而更主要的原因还在于门店没有以用户为中心的意识，还停留在传统买卖本位的思维中。

有多少门店会在用户购买后询问使用情况及更新计划？有多少门店会在节日时送去问候？有多少门店会不断向老用户派发小礼物？我们总抱怨电商挤占了门店的大量客源，可门店想办法、实施措施留住老用户了吗？

我们总认定用户只认价格，门店拿自己的短板与电商的优势比，当然无异于以卵击石。门店为什么不换一换思路，不与电商比价格，而是比价值。我们的产品也好、服务也好，包含了超越价格的内涵，如感情、便利、贴心、舒适和配套等，用户怎么会有理由不选物超所值的东西呢？

我们之所以总是认为用户只认价格，是因为我们从没提供给他价值，用户没有可选择的余地，只能以价格作选择的最高标准。

所以，实体门店务必要重视起自己的老用户，利用微信卡券可以很好地实现这一目的。

如何实现？我们的方案是形成“券—卡—券”闭环，如图 8-8 所示。

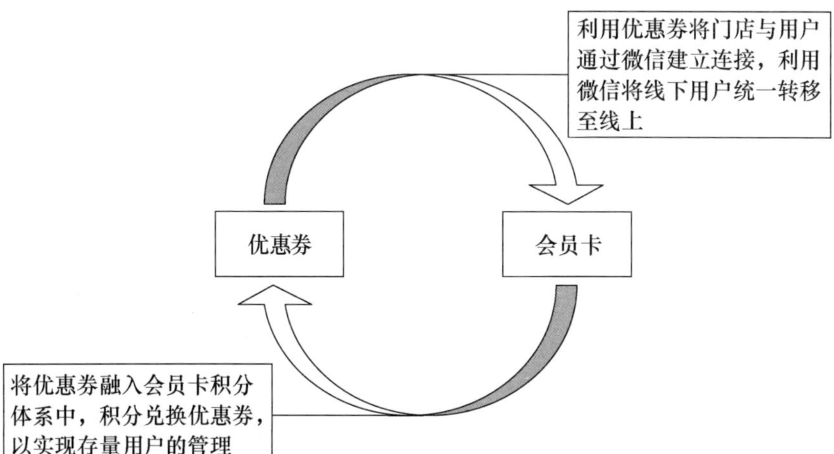

图 8-8　重视老用户的“券—卡—券”闭环示意

我们在上一节中已经提到，优惠券不光要发给新用户刺激消费、刺激进店，也要发给老用户，这才是完整的微信卡券运作通路。

实际上我们在上一节主要讲的也是这个闭环的第一个环节，即门店进店量、用户基数、粉丝数量这些问题，"巧妇难为无米之炊"，没有用户，什么都玩不转。用户存量有了、微信粉丝有了，接下来，我们需要针对降低用户流失率、增加用户保有量、提升用户价值、消费升级等方面有所动作，这就是闭环的第二个环节。

作为用户中心思维的重要组成部分，用微信卡券做老用户管理也是门店应用微信卡券必不可少的一部分。这里有两个关键点需要门店注意：一是积分的设置；二是卡券与积分的互通。

当前普遍意义上的会员体系设置主要以积分为主，即积分兑换礼品。但在实际操作中，积分往往成为鸡肋，因为其兑换率太低，这使得积分在用户的会员制管理中作用并不明显。那么是不是要抛弃积分呢？我的建议是不抛弃，积分兑换的活跃度低，我们需要找到其自身使用中的一些问题以及解决方法，如表 8-3 所示。

表 8-3　积分活跃度效果差的原因及解决方法

	积分效果差的原因	解决方法
1	用户不清楚、不知道积分使用规则、用处等	在积分领取、快到期、中间等时点口头或文字告知
2	用户忘记兑换积分，对积分使用不积极、不习惯	缩短积分兑换和使用周期，到期前予以提示
3	积分价值低或无价值、兑换门槛高	提高积分的兑换或兑现价值，让用户感到积分值钱
4	兑换商品与用户期望、需求等出入较大	把握用户需求，提供符合目标用户群口味的兑换礼品

比较成熟的大连锁门店基本都有自己的积分系统，但用户兑换率往往不高，主要是因为用户不知道积分价值低的原因。应该说，相对大型的门店或连锁对微信卡券操作应偏重于“券—卡—券”闭环的前半部分，即将线下用户搬到微信平台上。然后利用微信的低成本与高效率管理老用户，后半部分相对简单。

而很多中小型门店会有疑问：“我们店只是一家小店，有必要做会员、做积分吗？”我们认为，当然有必要。因为它是比较有效的老用户管理方法，除非你抛弃老用户，想做“一锤子买卖”。

对于中小型门店来说，难点可能在闭环的后半部分，即如何利用微信卡券管理自己的老用户。这大致分为 5 个步骤，如表 8-4 所示。

表 8-4　用微信卡券管理老用户的 5 个步骤

卡券管理步骤		具体内容
1	分析辐射用户群	抛开自身经营产品与服务，分析整个门店辐射半径范围内的主流人群以及人群分布，包括年龄、身份、消费能力、生活习惯和家庭情况等，为辐射区内用户需求和兴趣点设定相匹配的优惠券类型
2	获取优惠券	有3种方式：① 门店自身推出优惠券，主要针对主营产品和服务；② 网络获取公共型优惠券；③ 异业联盟，联系辐射范围内除同行外其他门店，代其发放优惠券
3	微信引流	通过微信发放优惠券将线下用户引流至微信平台，让用户成为门店公众号的粉丝，除了优惠券，门店还应鼓励用户使用微信支付，通过微信支付引流，同时培养用户的使用习惯
4	老用户分级	通过微信后台接口数据分析用户贡献，包括消费金额、消费次数和推荐人数等，根据“二八法则”简单划分20%重要用户，80%次重要用户，或者更为细致地将用户划分三级及以上
5	发放优惠券	利用公众号分组接口按用户分级创建用户分组，给予不同组群优惠力度不同的优惠券或会员待遇

这是微信卡券的简单操作方法，其特点是操作灵活、见效快和成本低，适合用户群不太大的中小型门店。通过这样一个简单易行的微信卡券操作，门店可以拓展卡券的运用范围，在快速吸粉、引客进店的基础上，提高卡券的使用效率，同时使用户运营链趋于完整。

在"券—卡—券"的闭环之上，我们来延伸一点谈一谈差异化的问题。为什么强调差异化？我们在之前已经探讨过，其本质原因是市场环境变化下的用户变化，买方市场、物质丰富、个性释放、人性回归等使得用户相比产品需求来讲更注重情感诉求。

那么，以产品为基础千篇一律的待客之道就应该随之改变。差异化至少包含两方面含义：**一是确立门店自身不同于其他门店独特的产品与服务，通俗地说是有自己的特色；二是差别对待用户。**

差别对待用户并不是说将用户分为三六九等，这其中也有两方面含义：**一是按用户合理分配门店的精力；二是贴合用户的感受诉求，每位用户的需求点与感受点都不同，**这成为门店差别对待用户的依据，如图 8-9 所示。

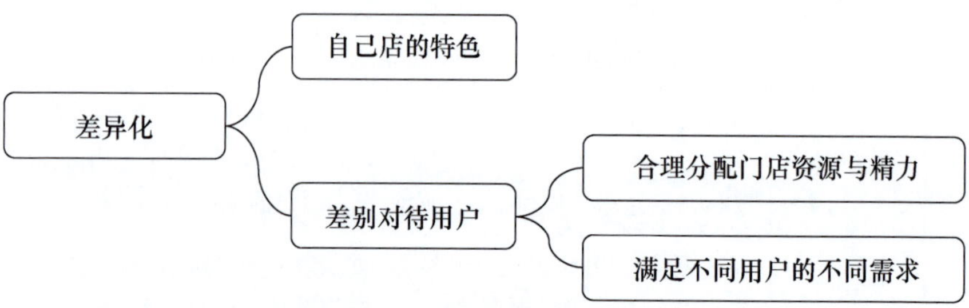

图 8-9　门店差异化两方面含义

差异化是必要的，也是必须的，其他方面我们暂且不谈，只探讨如何结合微信卡券做差异化的用户对待。

其实，在卡券管理 5 步骤的表格中，我们已经表述了差异化的雏形。如果按上述 5 步骤走下来，门店会发现自己已经完成了基本的用户差异化服务。

比如，在门店订阅号的 2000 名老用户中，明天有 3 人会过生日，我们通过微信向这 3 人精准投放蛋糕店的优惠券，即便蛋糕优惠券不是自己门店的，可对用户来说，算不算门店给的优惠呢？算不算门店的贴心服务呢？算不算区别对待用户呢？

当然算，这就是用户的差异化服务，而且实现起来并不困难，因为微信的后台可以帮助门店实现。

在最理想的状态下，"券一卡一券"闭环与差异化服务融合成一个有机整体。其运作原理是这样的：利用微信优惠券大量吸粉，将用户转移至微信平台，再纳入通过与微信对接的会员或者积分管理系统中，门店根据每位用户的积分情况提供匹配的产品价格、优惠项目与专项服务，用户用微信、智能手机终端等接收优惠、在线付款，最终享受线下服务、送货上门等。

当然，微信支付、积分与各类优惠券之间的路还未完全打通，然而这并不能影响我们利用微信卡券实现差异化服务，因为微信平台与用户的直接对接、私密性和及时性等已经构成差异化服务的必要条件。

8.4　免费如何玩——让羊毛出在猪身上

免费——最具杀伤力的武器。史玉柱，这位中国商界的传奇大佬，曾一度濒临破产，在涉足网络游戏打了个翻身仗后，他在谈及自己的成功之道时透露：许多中国人喜欢占便宜，那就通过免费、赠送、试用等“便宜”吸引一大批人，等他们用习惯了、产生依赖了、上瘾了，再设计收费环节，此时停不下来的用户只能交费，还交得心甘情愿。

江湖上也存在很多与之相类似的模式，不过往往被认为是骗术，例如，很多药店、诊所等长期在室外做免费测血压、免费义诊等活动，吸引大批老年人后，趁机推销相关的医疗产品；还有化妆品、保健品推销等，也往往利用“免费”策略。

在互联网时代到来之前，这种传统的所谓免费的玩法其实不能算是真正意义上的免费，其“羊毛出在羊身上”的营销手段也逐渐被消费者认清并抵制，对于商家来说，一是免费的前期投入太高，二是容易失去用户信任得不偿失。

在互联网时代，免费的玩法大行其道，并且取得空前成功，淘宝、腾讯、百度、微博、微信和360杀毒都是典型案例：淘宝一开始是免费开店的，等所有人都去买东西了，为了让你的产品排在前面，你就需要交费；百度搜索永远是免费的，所有人都在用，而为了让你的信息在搜索结果的最前边显示，你需要交费；微博，每个人都可以免费注册与发布，但你要植入点广告让大家都注意怎么办？交费；360杀毒软件至今仍在免费让用户使用，但它靠什么活？靠360浏览器搜索、导航、网游等增值服务。

这些互联网巨鳄先免费后盈利的模式看起来是不是与传统营销模式的思路相似？然而仔细一想又存在天壤之别，传统模式下并非一直免费，而互联网的免费模式做到了，它可以保证基础用户永久免费。

虽然成功是由许多复杂因素影响和决定的，并非沿着这些思路复制一下就能成功，但分析一些促成成功的因素无疑也可以为我们带来借鉴的积极意义。

我们要问，互联网时代这些公司为什么会做到永久免费？其实大家都几乎用到过这样的方法，如超市、服装店等。超市将一部分商品促销，薄利或者零利出清，吸引大量客流，但最后算下来不赔反赚，为什么？因为大量用户顺手购买了其他产品。服装店会将部分服装特价销售，同样会吸引大量客流，也同样意味着大量的销售机会。

总结一下，我们很容易发现免费操作模式的特点——延长产品线、增加价值点，我们统称其为价值链。很多人会说这也太简单了，单单做这点是简单，然而这仅是初级阶段而已。

我们继续挖掘会发现，超市无法做到完全免费，即使它可以在某几款产品上免费，它最终还是要从基准用户那里收费。互联网公司的玩法与超市的玩法有什么不同？我们发现一个细节，互联网公司的收费对象永远不会是基准用户，而是需求用户，它的核心服务永远不会收费，只有增值服务才会向需求方收费。

也就是说，这些互联网巨头所做的不仅是延长了价值链，更使价值属性多元化，这也正是借助互联网能够实现的。比如，用户基数 + 互联网传播 = 广告效应，这使得价值链具备可以植入广告推广的属性。实际上这也正是上述互联网巨鳄通常使用的盈利模式，如图 8-10 所示。

通过以上分析，我们可以得到互联网产品免费运作的本质：延长价值链、转化价值属性。

这两点基本可以解释互联网的运作实质。我们可以进一步通俗解释，在整体价值链上，免费是不存在的、也是不可能的，只有在局部价值点上，免费才是有可能的。这正应了那句俗语“天下没有免费的午餐”。

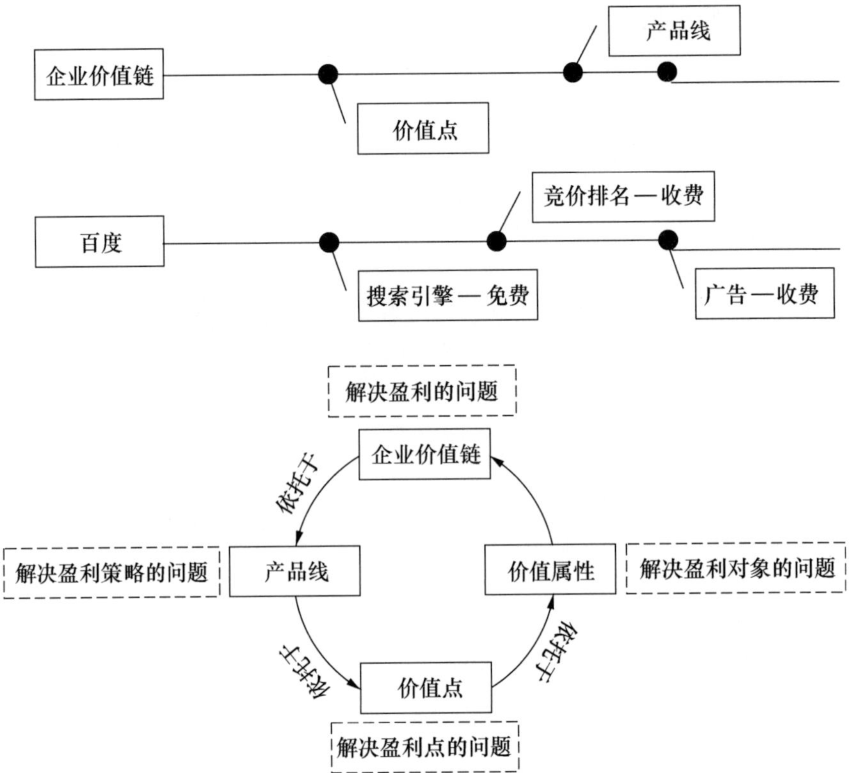

图 8-10　互联网企业通用的赢利模式

作为经营者，需要明确的是谁来承担费用，同时需要明确的是用什么来呈现价值。互联网、搜索、杀毒和交易等是在为最广大用户创造核心价值，此核心价值又为其他厂商创造了广告价值，如图 8-11 所示。

我们一直强调“以用户为中心”“圈人”，为什么？在互联网时代，用户基础正是构成门店盈利模式必不可少的一部分，有了用户基础，门店就有了基准价值，也就会形成门店的价值链，才不会轻易被电商秒杀。

你想想，如果你的门店还处于传统阶段，产品单一、价值单一，而电商只靠价格一项，就可以取代你的价值，你就只能关门大吉，因为你没有别的价值可以吸引用户。

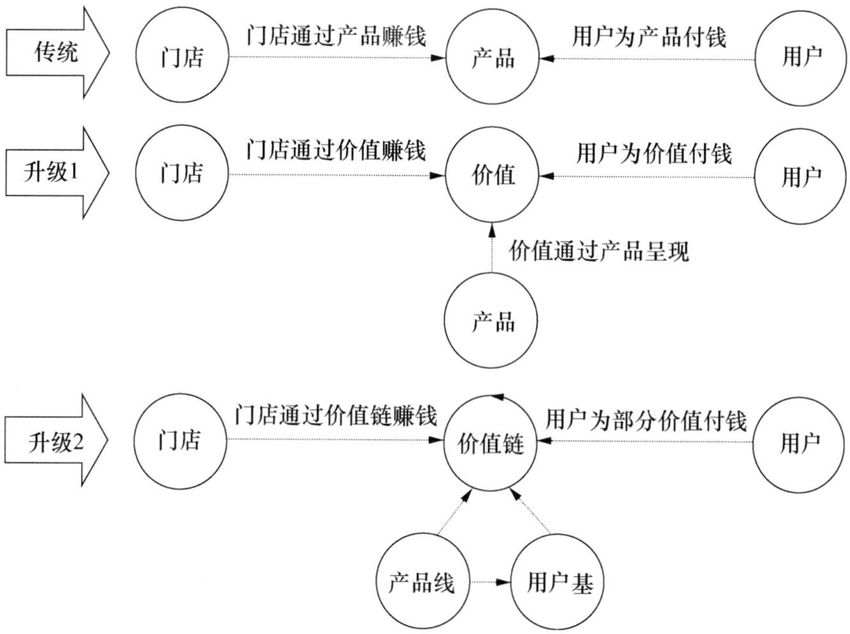

图 8-11　互联网时代免费操作模式的价值呈现模式

门店会有一个最大的疑问：我们玩不起互联网的这种玩法，关键是一开始的免费环节没有资金支撑，谁能做到将大把钱烧在免费产品和服务上呢?

这确实是个问题，但相信你看过本书“微信营销活动”的一部分，答案自然揭晓——就是利用微信，就是利用我们首倡的“活雷锋精神”。

利用微信本身的很多服务可以实现“免费”，如订火车票、订电影座位、缴水电费、手机充值打折等，这些对于老百姓来说，就是关系到其切身利益的民生大事。别说免费，有一点价格上的优惠与时间上的节省都会让他们趋之若鹜。从免费是为了获取用户基数的最终目的出发，效果相当于免费。

现在已经有很多门店在尝试或者很早以前就在探索以“延长价值链”为核心的转型。如很多书店运用了“咖啡 + 书店”的模式，手机店也有很多引入了咖啡元素。

又如传统的 7-Eleven 和全家，我们去全家和 7-Eleven 时想到的仅仅是超市吗？更多的是吃午饭、买车票、幼儿托管等，这就是他们基于超市延长的价值链。

无论是咖啡书店也好、7-Eleven 也好，我们发现它们并非毫无目的地延长价值链，总结起来，价值链的延长一定需要结合自身的主营业务，并与上下游产业、周边业务等相关联，且以最终能够引起用户连带消费行为为原则。

在延长价值链上，我们给门店的建议很明确，就是社区化。

什么叫社区化？我们定义它为用户交友、娱乐、生活、工作等的中心。直观理解，类似全家与 7-Eleven 的模式，就是与用户的衣、食、住、行等生活息息相关的社区，用户能够在这个平台上解决自己平时生活的一切问题。

全家与 7-Eleven 已经为实体门店提供了样板，未来能够生存下来的实体店一定是应用社区店模式的门店，社区模式的本质就是我们讲的延长价值链。

通过前面的图 8-11 我们可以检验一下自己的门店处在什么阶段。那么，互联网时代的门店转型，如何转？其本质就在第二阶段，目前大多数门店想的还是通过买卖赚产品差价，怎能不被淘汰？当前各种实体店日子非常难过，就是因为价值链太单一，以至于被用户基数巨大的电商、网络巨头随便低价一冲，就会被替代。小店不说，中国移动这么强势的大店，话音业务不是同样受到微信的巨大冲击吗？

价值链升级是互联网时代实体门店转型的必经之路，其分两步走：**一是延长价值链；二是转变价值属性**。我们已经给出了快速、有效延长价值链的方法——利用微信和智能手机。而转变价值属性该如何做呢？

当然，现阶段的门店转型，应该着重做好第一阶段，即延长价值链，凭借价值链圈人、吸客，打好用户基础，如果能做好这一阶段的转型，已经是很不错的业绩了。实际上，目前仍没有一家实体门店做到了第二阶段的转型，即转化价值属性。

这可能有两方面原因制约：一是门店辐射力有限，不像互联网可以将平台做到无限大；二是价值属性转化容易带来品牌认知混乱。

对于价值属性转化这部分的建议，我们是依托门店的社区化思路给出的。经过第一阶段的价值链延长与用户积累，门店应该树立起地域性的品牌影响力与用户凝固力，这就为其做第二阶段的价值属性转化打好了基础。

假设门店固有 10 万忠实用户，这 10 万用户有 2 万是司机、有 5 万是白领、有 3 万是中老年人，那么，门店可不可以与此区域内针对这些不同人群的产品和商家合作呢？门店有用户基数、有用户忠诚，这些正是商家做推广所需的价值点，门店也正可以借助这些价值点将其转化为自己的营业收入。

类似于互联网模式的广告属性转化，当门店完成价值链延长下的圈人阶段后，门店将完全有资本做类似的价值属性转化。当年的河南零售大咖“胖东来”，不仅是超市，也凭借接地气的本地化服务抓取了用户的心，使得其他零售商无处落脚，甚至国际知名零售商也打不过它，这正是延长价值链的结果。

当然，价值链延长一定要与价值属性转化相辅相成，否则极易满盘皆输。因为价值链延长后，其中微利甚至零利的价值点，势必会增加整体运营成本，如果继续坚持向基准用户收费，往往会使用户的忠诚度大打折扣，最终既损失美誉度又损失收入，得不偿失。

与互联网的无界限不同，门店由于受地域限制，辐射范围有限，它能影响的用户数量就有限，虽然连锁化可以解决规模问题，但在自身的核心价值、完整价值链、用户基数尚未建立起来之前，切勿盲目扩张搞连锁化。即便是一个小店，扎扎实实依靠智能手机、依靠微信可以几乎零成本解决生活、民生问题的社区店，延长价值链、积累用户，同样可以获得非常不错的业绩。

注意，随着你的用户基数不断扩大，你的价值链上靠低价、免费等吸引用户的价值点会占用越来越多的资源、产生越来越高的成本，若不尽快转化价值属性，使价值链升级，反而会成为影响门店收益的巨大障碍，这是门店转型需要特别注意的问题。

需要门店注意的另一点就是产品或服务质量。延长的价值链上的产品和服务，特别是低价、免费的产品和服务，一定要质量过硬。“便宜没好货”是对商家信誉的巨大损害。

很多商家、门店在提供特价、优惠的产品和服务时，往往是质量不过关，这是做优惠促销、价值链优惠环节的大忌。比起优惠促销，用户更会记住质量不佳。价格可以打折，价值不能打折，门店要转变价格思维为价值思维，解决实实在在的问题、给到实实在在的好处，用户自然会被吸引。用户也在进化，不会单单因为促销而对门店产生忠诚度。

第 9 章

让用户记住你

9.1　还有比用户忠诚度更重要的事

本章我们将主要与大家探讨老用户的运营问题，相比于新用户的开发，老用户同样值得门店投入相同甚至更多的精力，最终达到用户忠诚的目的。通过上两节的探讨，我们向大家提供了利用微信做用户忠诚度运营的两类方法：**一是利用用户的圈子传递效果；二是利用用户的趋利心理给予优惠。**

当然，这两类方法都是门店常用也极有效的老用户运营方法，但也存在一个问题，即这两个方法中的用户，无法产生主动性。无论是朋友圈的从众连锁反应，还是借助让利吸引客流，用户都不会主动想起、接触、宣传、推介门店等。

为什么？因为我们过于依赖营销对用户的行为引导，营销为我们设计了各种有利于门店经营的情景，用户在被动接受。成功的营销固然可以吸引大量用户成交，但用户行为往往不具备延续性，门店需要不断用新的营销手段刺激，才能触发用户行为。

营销活动虽然有效，也意味着投入，用户虽然忠诚，也意味着一个是一个，无法造成品牌推广力。我们期待一种更佳的状态，即无需营销情景去触发用户行为，用户在其日常生活中会主动想到、提到和回到门店，我们称之为“用户三到”，如图 9-1 所示。

第一节中我们与大家探讨过口碑，能不能将“用户三到”的用户运营升级单纯等同于用户口碑呢？二者并不完全相同：一是口碑营销仍属于系统的营销运营；二是口碑营销也属于营销情景设计的一部分，用户往往是被动接受的。

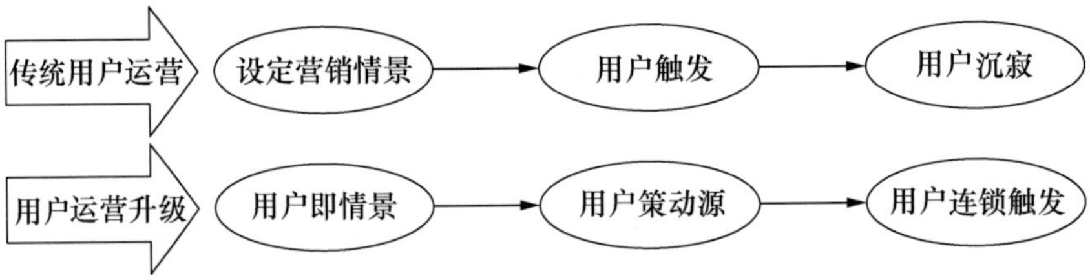

图 9-1　“用户三到”示意

而我们要达到的目的是用户主动反应的效果。从图 9-1 中我们可以看出，传统的用户运营与提升的用户运营最大区别是情景设定的环节，在升级后的用户运营中，门店无需激发装置，用户就可以主动推广，意味着门店的成本几乎为零，而不像口碑营销需要品牌、事件等前期培养。

我们的目的是只对门店自身增加一点微小的改变，并且这点改变的成本几乎为零，然后利用这一点微小的改变使用户眼前一亮、心中一动，从而深深地记住门店、滔滔不绝地与别人讨论门店。

9.2　建立门店超体验系统的思路

传统营销利用系统手段，培育用户互动与口碑，付出大、周期长，那么我们如何利用一个再简单不过的细节，让用户津津有味、奔走相告地讨论门店呢?

首先，我们还是来分析一下用户能产生极强关注度的心理机制，我们称它为超体验，也就是超习惯体验，通俗地说就是意外，如

图 9-2 所示。

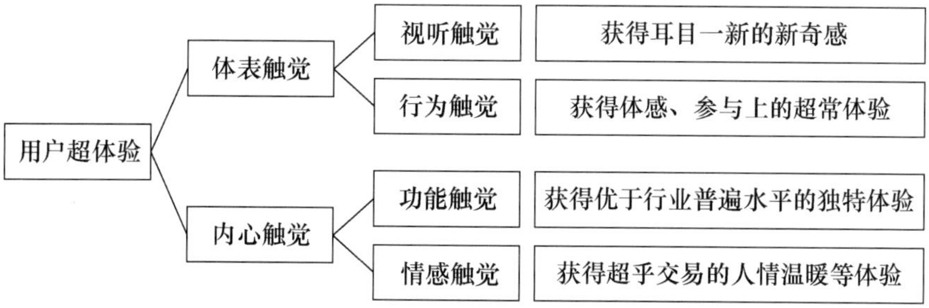

图 9-2　用户超体验示意

门店都一样，会给用户造成麻木的感觉，而麻木会造成无意识、不在意，如呼吸一样被忽视、被省略。一旦有一点“异样”，像石子投入平静的湖面会激起层层水波，这就是用户产生强烈关注的心理机制，与众不同、独一无二、新鲜特别等，都可以达到这个效果。

注意，这里一般会有两个误区：一个是所谓新鲜；一个是所谓至尊体验。

很多门店说：“这个我也会，不就是引人注目吗？我可以请一些模特到我店里做人体彩绘，保证吸引眼球。”不说请模特需要多少花费，这与你门店的业务有关系吗？会不会带来进店量、成交率、口碑传播？

还有门店说，超体验不就是超级至尊体验吗？我们让用户享受皇帝一般的服务，用户会找到自己尊贵的地位，提起我们店，就会形成贵族的感知。不说皇帝般的享受同时需要皇帝般的花费，我们要问用户会不会认同皇帝体验就是超级体验？至少到店的用户体验的都是一样的，何来独一无二、与众不同？

我们提到的超体验，不是简单地吸引眼球，也不是超级体验，在本质上，它超越的是用户的习惯值和期望值。只有超越了用户的一般理解、一般期望、一般印象和一般定义，门店才能真正触动用户的注意力，进而触动用户的内心，从而让用户发自内心地关注与记住门店。

在分析了用户产生关注度的心理机制之后，门店也自然而然有了应对方法，如图 9-3 所示。

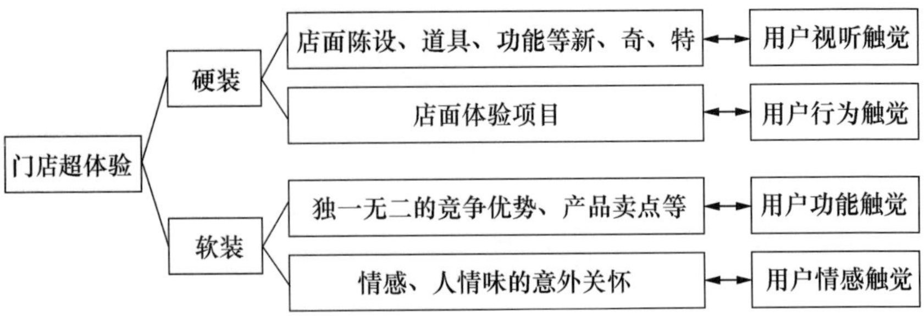

图 9-3　门店引导用户超体验的工具示意

我们将门店引导用户超体验的工具分为两部分：一部分是硬装，即硬件设施；另一部分是软装，即服务。硬装对应引起用户体表触觉的超体验，软装对应引起用户内心触觉的超体验。

在我们详细介绍门店如何做零成本的超体验之前，我们还需要将思路继续完善一下。刚才我们分析的是用户产生超体验的心理机制，然而，只有超体验并不能实现用户想到、提到和回到门店的“三到”效果。

这也是一般门店在做营销活动时经常被忽略的环节，用户由眼前一亮、心中一动的超体验到想到、提到和回到门店，这才是一个完整的超体验体系，如图 9-4 所示。

总体来说，是认同心理。其具体包含两部分，一部分是体表触觉激发的希望被认同心理。比如，用户在看到新、奇、特的门店陈设、功能、道具后，会急于分享到朋友圈，即便在微信与智能手机未发明之前，人们就已经有了奔走相告的传统心理。这实际上是一种希望被认同的心理机制，确认自己的存在感，满足虚荣心，都属于希望被认同的心理机制。

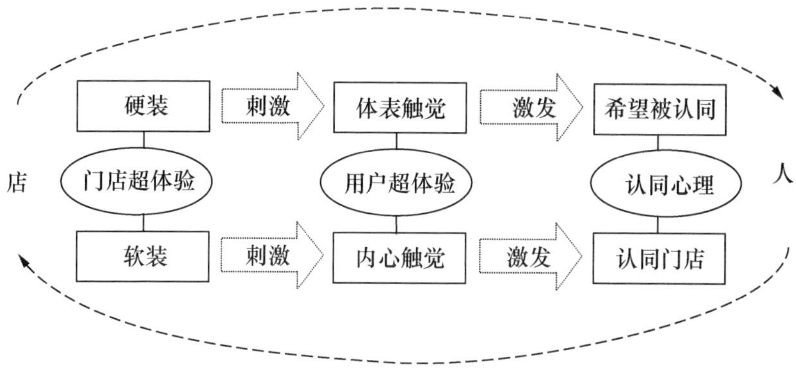

图 9-4　门店超体验系统示意

我做通信培训很多年，曾有一个案例让我印象深刻。那是在智能手机刚刚开始普及的 2011 年，有一家门店仅仅利用“我查查”这款智能应用，就达到店面业绩翻番，它是如何做到的？

“我查查”的代表功能是询价、比价、查附近商场优惠信息。这家手机店瞄准了中老年群体，这个群体有几大特征，勤俭持家、时间大把，更重要的是信息在这个圈子中传播非常快。

这个群体最关心的就是商场的优惠活动，“我查查”正可以让他们足不出户就查询到优惠信息，并且可以帮助他们在购物时查价、比价，以保证不花冤枉钱，这正是此群体最需要的。

这家店于是针对这个群体开展了营销活动，营销主题也很简练：“这款手机可以帮您省钱。”当时大部分中老年人还以使用功能机为主，若按照当时的普遍做法，店员要向其讲解智能机的各种参数、功能等，中老年人精力不足，一是记不住、不理解，二是功用根本也不是他的兴趣点。而这家门店采取了完全不同的方式，店员拿起手机向用户推销：这款手机一天至少为您省 30 元。

不必问"您有兴趣吗"，对于中老年用户来说，一定有兴趣。然后店员再打开"我查查"教用户按几个键就可以。在成功推销了几部手机之后，这家店每天都会有中老年用户上门要求买"能省钱"的手机，店员一开始还很纳闷，随即明白这是已购机的老用户"介绍"的新用户。

门店并没有任何要求、暗示、鼓励老用户介绍新用户，这种效果是如何实现的呢？无疑是中老年群体中信息传递迅速的特征起到了作用。一位中老年人用"我查查"尝到了省钱的甜头以后，难免会对周围人"炫耀"，受他的影响其他人也会到店购买这款手机。"炫耀"背后不正是认同心理吗？希望被别人认同。

这是认同心理的一个方面，还有另一个方面就是内心触觉激发的认同心理，认同的是门店自身。

比如，门店如果有辐射范围内优于同行的独一无二的竞争优势、产品卖点等，就可以使用户产生内心触觉上的超体验，从而使其认同门店。有一家饭馆，它有某些小吃、点心、菜品等在某地区独一无二；有一家眼镜店，它的验光效果在某地区内最准确；有一家服装店，它的服装面料在某地区内最全、最独特；有一家书店，它的价格在某地区内最低。

这些都是可以令用户产生心理认同的原因。注意，利用竞争优势与产品卖点让用户产生认同心理需要具备两个条件：质量优异和独一无二。有的门店说我们的卖点是货真价实，这种卖点因为并非独有而不能引起用户的认同；还有的门店价格低廉，但产品与服务质量也同样低廉，也不会给用户带来超常体验。

还有一种内心触觉引发的认同感，就是情感认同。门店人性化、人情味的服务打动了用户，给用户带来心理上的温暖、欣慰和感动等，如比较著名的海底捞的服务，再如某些餐厅对当日过生日的用户有送菜、折扣和蛋糕等优惠，也会令用户感到十分温暖。

门店的超体验系统分为两个环节：一是刺激用户超体验；二是激发用户的认同感。二者不可简单地画等号。体验涉及用户感受，用户感受又受心理机制的牵引，我们分析了用户在门店超体验系统中的心理机制，并以此为依据建立起门店的超体验系统。下面我们将给出一些具体方法让门店利用超体验系统完成用户主动“想到、提到和回到”门店。

9.3　零成本的超体验系统如何做

门店的超体验系统是超越用户的习惯值和期望值以引起用户主动想到、提到、回到门店的有机体系，单纯吸引用户眼球与一味培养口碑都不完整，不属于超体验系统。而我们还有一个大胆的想法，想是要用极低的成本来做。

我们将分为两部分进行探讨：一是用户体表触觉，对应门店超体验的硬装部分；二是用户内心触觉，对应门店超体验的软装部分。

门店硬装部分的超体验系统针对的是用户的体表触觉，如视觉、听觉、触觉和体验等体感，一般来讲需要实际事物与服务，因此在设计超体验系统时，一般需要道具、场景和功能等辅助。门店硬装部分的超体验设计可以依据以下流程进行，如图 9-5 所示。

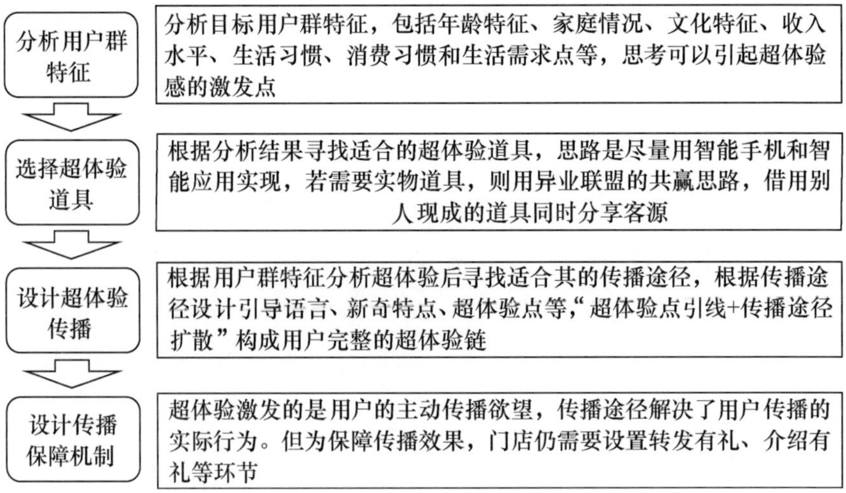

图 9-5　门店硬装部分的超体验示意

在实际操作时，门店还应注意细节。

分析用户群特征时，要有目的地分析，就是要与以下三个环节相结合。比如，老年用户群，消费特征是勤俭，文化特征是保守，生活需求点是健康、便利、省钱等，而信息在其群体内的传播主要靠口口相传。所以在道具选择方面，自然要选择能解决健康、便利、省钱问题的功能道具；在引导语言方面，要突出道具在这些方面的价值点，如一天省 100 元，引导语言是为了给用户造成心理暗示，使其不知不觉在他的朋友圈中复述。

选择超体验道具时，质量一定要过硬，即一定要对用户产生实际效用、带来实际价值、解决实际问题。如很多店面惯于做高分贝的路演，也有很多店面用美女模特做活动卖手机、卖电脑、卖酸奶等。美女、高分贝路演这些道具确实可以起到吸引眼球的作用，但并不一定能吸引更多用户进店，比如，你将美女拍下来发到朋友圈，你的朋友们就会因为想要看一看这位美女而赶来店里吗？不能起到“三到”效果的超体验是无效的。更何况只有美女与高分贝，也并不能促成交易，因为它不能为用户带来太多的实际效用。

除了质量过硬，在选择超体验道具时，门店还应把握以下两个原则：**一是常态化；二是关联化。**

常态化就是道具可以相对长期地摆放，考虑到传播的需要，道具不能时有时无，比如今天有人体彩绘明天没有，既无法形成长效机制，也不会造成更多用户回流。那么，我们可不可以用防水手机作道具呢？不管我们店主营什么业务，店中放一个透明玻璃缸，手机放入其中播放电影，旁边标注价格，对用户来说一定是一种超体验。对用户有实际效用，可以长期展示，这样的道具是有效的。

关联化即道具必须与店面经营相关联，可以是目标用户、主营产品、店面功能、服务项目和品牌形象等。最佳情况是道具与店面自身的主营业务相关联，比如我们刚说的防水手机，泳衣店、户外用品店等再合适不过。还可以与用户相关联，例如，街面上时常会有捏面人、画糖人的小摊位，但是这些摊位受气候、时间及政策的影响极大，我们可不可以将他们请进我们的店里呢？不管你的店经营什么。这个道具针对的是大部分幼儿、一部分女性及恋人，得到了孩子的喜欢，家长自然会一次次回店。

设计超体验传播时，应该注意表达，一是道具本身的表达，另一个是店员语言的表达。让道具本身说话也是道具的一部分，可以在道具旁边放置指示牌，内容可以有照片、文字和二维码等形式，目的在于引导用户拍照、转发等。店员表达时应注意本着利于用户传播的原则介绍道具价值点，用用户的语言简练、准确地表述。

这是门店硬装部分的超体验系统的设计方法，接下来我们探讨一下软装部分的设计方法。门店的超体验软装对应的是用户的内心触觉，我们说超体验超的是用户的习惯值和期望值，那么我们首先需要明白，用户在内心上对门店的习惯值和期望值是什么呢？

如果是我们的亲人，我们会对他的关心爱护习以为常，可如果仅仅是一家门店呢？卖东西的、千方百计让我花钱的、交易地等，这是用户对门店习以为常的印象值。用户如果需要安慰、需要谈心、需要关心一定不会想去门店，用户去门店也根本没期望门店可以像亲人、朋友一样尊敬、和善、关怀的对待，这就是用户对门店的习惯值和期望值。

那么，门店的软装超体验就有了针对性与方向性。凡是能使用户超越对门店买卖、交易、冰冷等认知值的，都是软装超体验。

这就有很多种可以应用的，方法也有很多细节可以利用。比如比较常见的，酒店的雨伞服务，但是其他类型的店面基本不提供。我走过全国很多店，只在一家小吃店遇到过，交少量押金就可以使用雨伞，而且还完全免费。当时给我的感觉比较温馨，我会想到这家店是很用心为用户服务的，也就大大提升了对这家店的印象。我是在出差路过时发现的，但相信很多当地的用户会再次光临，即便不是因为心理认同，也至少需要还伞，还伞就造成了一次回头。

注意，如果雨伞服务已经成为常态，门店周围很多店都在做，对用户来讲就已经构不成超体验了，门店一定要注意，什么样的道具与服务细节并不重要，重要的是这些道具与细节会给用户造成异于常态、独一无二的感受，为了道具而道具，是门店应该避免的误区。

我还遇到过一家门店，它有一个非常细微的细节，但是给用户带来的超体验非常好。这个细节就是问候语，它将“您好，欢迎光临”换成“× 先生，您好，欢迎光临”。它在问候语前加了称呼。也就是说，它叫得出每一位老用户的姓，第一次到店的不算，这个改动针对的是老用户。

如果是你，你会有什么感受，是不是很惊诧？一惊诧，就已经是超体验了，更不必说因此带来的尊贵感受。很多门店都知道“用户是上帝”，要尊重用户的道理，但真正做到的没多少，尊重体现在哪里？带名姓的称呼就是非常典型的体现。

如何做到？很简单，只要门店想做总能做得到。我们只举几个方法为例，缴费时、留联系方式时、填表时、参加活动时、赠送礼品时都可以问到用户的姓名，至少是姓。店内一般有安防监视器，没有监视器的可以在进门处放置手机或摄像头等，迎宾人员在闲暇时可以对比记忆。

在这里，我们还要向大家介绍一种利用微信红包提升软装部分超体验的方法。

微信红包，从推出到应用一直是大家关注的焦点和热炒的话题，几乎没有没发过红包、没领过红包的微信用户。

商家在红包的利用上，绝大多数是将其当优惠券发放，目的在于刺激消费、增加粉丝等，如有变化，也多是在领取环节设置门槛与条件，这是把红包当营销道具使用。

那么用户对红包是什么感触呢？发钱，用户当然喜欢，但是对商机背后的目的，用户也是了然于心的，如此一来，商家即便增粉，质量也是非常低的。因为对用户来说，他的目的性也很明显，就是获得红包，这与街头扫码有礼的原理一致，最后几乎得不到活跃用户。

还有一个问题，商家当然希望用户越多越好、吸引的粉丝越多越好，但这就存在一个问题，红包金额也要相应扩大，但即便是微信、支付宝动辄几亿的大手笔，也还是不能满足相当一部分用户的需求，即期望值。

2015年春节期间的红包大战是最好的例子，在媒体曝光的采访中，八成以上的受访者表示只图好玩，因为抢到的红包金额实在是差强人意。但用户如果是这样的反应，则完全与商家发红包的初衷相背离，也就是说我们将红包的本质丢弃了。

红包的本质是什么？是惊喜、喜庆、祥和和温馨，微信红包是由传统红包演变而来的，传统红包只有在喜事、过年等重大节日才会发放，因其与节日的热闹气氛相呼应，又因为发放频率极低，传统红包在用户心中形成了极强的珍贵感与重视感。

珍贵与重视红包，即为用户的超体验。但商家泛滥的发红包行为已经扰乱了用户对红包的独特体验，甚至培养了微信用户见面要红包的恶习，如果用户对红包的珍稀感不复存在，那么红包作为营销活动的道具一定是失败的。

在现实中，微信用户其实是将红包视同为金钱来衡量的，所以，我们建议商家使用微信红包时，应还原红包的本质，而不是金钱的本质。即利用更多的红包属性设计营销，而不是金钱的属性。

我们提出一个独辟蹊径的微信红包营销方案，即用微信红包做门店软装的超体验系统道具，使用户产生内心感受上的超体验。

利用微信红包做用户情感上的超体验，就是利用用户对红包珍稀性的感知以实现目的，红包本身并不重要，重要的是红包承载的情感意义。

我们来想一想，红包承载什么情感意义才能带来用户的超体验呢？就是红包的本质：珍稀与独一无二。那在什么时候发才能达到这种效果呢？

有人说当然还是过年、结婚这种日子，但是我们要注意一个问题，这些时候是红包的传统发放时间点，但正因为传统，用户也会习惯，不是说习惯红包，而是习惯在这个时点发红包。所以门店如果在这个时点发放红包，用户只会认为“理所当然”，况且他的实物红包一定比门店发放的微信红包金额大，他更不会在意门店的红包了。

这就完全达不到超体验的既定目标。有没有其他日期对于用户来说是专属于他的珍稀日子呢？我们想到了生日。生日虽不像春节那样是公共节日，也不像结婚那样一辈子才有一次，但它正是结合了春节的频率与结婚的珍贵，成为对用户个人来说，同样可以承载红包本质属性的时点。

因为生日对于用户来讲是个重要的日子，能记住用户生日并且在生日发去问候的人对用户来说屈指可数。用户重视，这是其一；能够祝福用户生日的人很少，这是其二；还有一点，我们说习惯值和期望值，就是用户根本不会期望门店会记住自己的生日。

这三者结合起来，如果你在用户生日时发去一份祝福，是不是会超出用户预期，给用户惊喜，是不是会令用户记住门店一辈子？

而红包正在此时派上用场，我们用它来承载生日问候的意义，将其发放给用户，用户因此产生内心感受上的超体验，由于惊喜而牢牢记住门店。

考虑到成本，生日红包的发放对象可以设定为老用户，发放时间最好选择在上午，发放内容上要注意切勿带有任何促销信息，除了祝福用户外，一定更要让用户明确了解到门店的名称等信息，因此建议门店用带有门店名称的公众号向用户发放红包。

发放红包之后还应主动与用户沟通，确认用户收到红包并向用户阐明门店的心意，以加强用户对门店的超体验感知。

接下来有两个细节可能是门店有疑问的：一是用户生日的获取；二是红包资金的来源。

用户生日的获取比我们之前介绍的记住用户姓名要简单的多。为了保证和达到超体验的最佳效果，门店采取的最佳方法是借助道具获知，例如，门店某些服务需要用户提供身份证，而门店并无提供身份证才可办理的业务时，可自行设计一些合理的身份信息填写环节，比如填写身份证抽奖、领取优惠券和打折卡等。

为什么这种方法可以达到超体验的最佳效果呢？因为用户在无意识中提供了自己的生日信息，这样门店在用户生日时发送红包，用户没有任何心理准备，造成的惊喜效果最强，超体验的效果也最好。

如果门店不能“神不知鬼不觉”地获取用户生日信息，可以直接询问，告知用户门店有生日礼物赠送，要求用户告知。但也有用户出于戒心等原因会告知虚假信息，门店要再次确认并告知虚假信息的惩戒措施。

红包资金的来源可以有多种方式，之所以建议将其适用于老用户是因为老用户在门店有交易记录，已对门店产生贡献，门店可根据贡献值大小确定红包金额，虽是送钱给用户，但对于门店来说，永远不会亏，因为用户将变成门店的粉丝，不仅会送回更多的钱给门店，而且还会带更多的用户给门店，其对门店的贡献远远大于门店送出的红包。

另有一种方式，门店可以不自掏腰包，而是利用别人的钱发红包。如何操作呢？思路是异业联盟，操作方式是以用户资源换取资金支持。例如，我们可以与周围不同行业的门店达成协议，凡是进我们门店的用户，我们通过店内广告张贴、提供异业门店的优惠吸引、店员介绍引导等方式介绍用户到异业门店去，为异业门店带来客流，同时，异业门店需要为引流支付一定费用，这笔费用可以用作红包资金的来源。

门店做超体验系统的意义在于以一种更加高效率的方式运营用户，高效率体现在三个方面：一是运营成本大大降低；二是用户在门店营销中的角色由被动变为主动；三是用户运营效果极高。

用户一旦变主动，便会不自觉地帮助用户推广、宣传，这相当于门店的运营成本转移到了用户身上。如何让用户变为主动？核心是让用户记住门店，记住门店并且有可以提起的理由，一旦有任何契机，用户便会主动提到、想到、回到门店。这对于门店来说，是用户运营的最理想状态，也是最高状态。

在用户主动之前，我们仍然可以通过简单的方法把店超体验的运营成本降至最低，甚至为零。这样，超体验系统加用户主动的状态，整个形成了门店用户运营的最佳状态。门店有这么低投入、高效率、大回报的用户运营方法，为什么不用呢？